AF640172

STICH FÜR STICH
KREATIV REPARIEREN

KATRINA RODABAUGH

STICH FÜR STICH KREATIV REPARIEREN

MENDING MATTERS:
Flicken & Upcycling
für Lieblingsjeans & mehr

FOTOS VON KAREN PEARSON

AUS DEM ENGLISCHEN
VON JOSEFINE HAUBOLD

MaroVerlag

FÜR MEINE SÖHNE
Maxwell und Jude,
die mein Vertrauen
in die Zukunft stärken

UND
FÜR MEINE MUTTER
Carol,
die mir das Nähen beibrachte.

INHALT

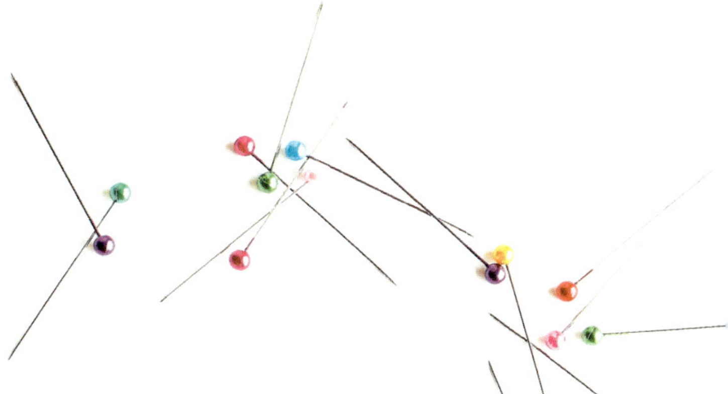

Vorwort

Im Jahr 2000 kehrte ich zurück in meine Heimatstadt in Alabama und gründete *Project Alabama*, mein erstes Unternehmen am Schnittpunkt von Modedesign und Nachhaltigkeit. Sechs Jahre später entstand *Alabama Chanin*, das mittlerweile zu einer Familie von Slow-Fashion-Unternehmen herangewachsen ist. In dieser Zeit konnte ich ein zunehmendes Interesse der Verbraucher:innen an Nachhaltigkeit beobachten und eine talentierte Handarbeits-Community heranwachsen sehen.

Ich hatte die große Ehre, mit inspirierenden Menschen und Institutionen aus der ganzen Welt zusammenzuarbeiten, mich mit ihnen auszutauschen und mit ihnen gemeinsam zu entwerfen, zu unterrichten und zu veröffentlichen. Das Interesse an nachhaltiger Mode nimmt zweifellos zu, doch noch immer liegt mehr Arbeit vor als hinter uns. Die Bewegung braucht noch mehr Expert:innen aus Kunst, Design und Pädagogik, die ihre Talente, Perspektiven und Erfahrungen einbringen. Es ist aufregend zu sehen, dass ein altes Handwerk wie die Reparatur von Kleidung zu neuer Beliebtheit gelangt und seinen angemessenen Platz in der *Slow Fashion* findet.

Ich bewundere Katrinas Enthusiasmus für nachhaltige Mode, nicht nur als Produzentin, sondern auch als Organisatorin: Ihre Begeisterung wurde deutlich, als sie mich für die monatliche Kolumne in ihrem Blog *Slow Fashion Citizen* interviewte und Mitglieder der Community zur Mitarbeit an diesem Buch eingeladen hat. Doch noch mehr freut mich, wie sich *Mending Matters* (dt. *Stich für Stich kreativ reparieren*) in die größere Slow-Fashion-Bewegung einfügt. Auch wenn wir beim Neukauf von Kleidung auf ökologische und ethische Kriterien achten können – die Herkunft der Materialien, faire Löhne, Handwerk, Qualität, Haltbarkeit und so weiter –, besteht darüber hinaus auch die Möglichkeit, die Kleider, die wir bereits besitzen, zu reparieren und zu pflegen.

Mending Matters bietet nicht nur durchdachte Lösungen für Reparaturen und Wiederverwertungen, sondern regt auch dazu an, über Slow Fashion, über eine nachhaltige Lebensweise und achtsamen Konsum nachzudenken. Dieser Aufruf richtet sich an jede und jeden. Dieses Buch ist eine Gelegenheit, sich dem *Slow Stitching*, der Handarbeit und der Textilkunst zuzuwenden. Reparaturen können Kleidung verschönern und in Unikate verwandeln – sie ermöglichen darüber hinaus auch den Ausdruck der eigenen Kreativität. Handarbeit bereichert die Nachhaltigkeitsbewegung, indem sie traditionelle Techniken und Fertigkeiten bewahrt – ein Schlüsselaspekt, der häufig übersehen wird, dem ich jedoch bei meinen Entwürfen Rechnung trage.

Ich freue mich über *Mending Matters* und über Katrinas Arbeit, die innerhalb der Bewegung um die nachhaltige Mode neue Richtungen aufzeigt. Das Buch bietet Lösungen an, bezieht sich auf ein handwerkliches Erbe und ermöglicht neue Verbindungen innerhalb der Slow Fashion durch einfache Näh- und Sticktechniken. Nachhaltige Mode bietet viele Anknüpfungspunkte – Design, Herstellung, Konsum, Reparatur und anderes –, und das Flicken ist eine großartige Gelegenheit, sich einzubringen. Während ich das achtzehnte Jahr meiner Arbeit mit nachhaltiger Mode begehe, freue ich mich über das gegenwärtige Interesse am Reparieren – und ich bin überzeugt, dass dieses Buch einen aufregenden und wichtigen Beitrag dazu leistet.

NATALIE CHANIN
Alabama Chanin, Gründerin & Creative Director
Florence, Alabama, 2018

Einleitung

Es gibt ein wunderbares Zitat von Arthur Ashe: »Fang dort an, wo Du bist. Nutze, was Du hast. Tu, was Du kannst.« Bei meiner Arbeit mit nachhaltiger Mode beziehe ich mich so oft darauf, dass ich schon fast befürchte, es zu übertreiben. Doch es ist eben so schlicht und zutreffend, dass ich einfach nicht widerstehen kann: Es geht darum, zu erkennen, dass wir bereits alles haben, was wir für den Einstieg in unser Slow-Fashion-Abenteuer brauchen. Wir nutzen, was wir haben, und tun, was uns heute möglich scheint.

Als ich anfing, mit Slow Fashion zu arbeiten, dachte ich zunächst, ich müsste alle Designer:innen kennen, die nach ethischen Prinzipien arbeiten, über die Herkunft sämtlicher Stoffe in meinem Bestand Bescheid wissen und professionelle Reparaturtechniken beherrschen. Doch wie sich herausstellte, stimmte das gar nicht. Ich brauchte nur, was ich schon konnte – ein paar einfache Stickstiche – und ich schränkte meinen Modekonsum ein. Ein Jahr lang verzichtete ich auf industriell gefertigte Kleidung, konzentrierte mich stattdessen auf die Herstellung und Reparatur eigener Stücke und kaufte nur noch Secondhand. So begann mein Weg hin zu Slow Fashion und einer nachhaltigen Garderobe.

Dieser Weg war voller Erfahrungen, Erkenntnisse, Abenteuer und Achtsamkeit, voller Fehltritte, Fehler und Freude. Ich werde zwar im Laufe dieses Buchs meine liebsten Werkzeuge, Materialien und Techniken vorstellen, doch eigentlich wünsche ich mir nichts weiter, als dass ihr einfach eure Kleidung repariert. Im Sinne des Zitats von Ashe möchte ich, dass ihr nutzt, was ihr habt, und tut, was ihr könnt, und eure Beziehung zur Mode vertieft, indem ihr euch um eure Kleidung kümmert. Genau genommen sollt ihr eure Kleidung schließlich sogar lieben.

Die Slow-Fashion-Bewegung sehe ich als Chance, unser Verhältnis zur Mode im Großen wie im Kleinen zu verbessern. Wir fangen an, indem wir unseren Konsum einschränken, unsere Bedürfnisse abwägen, qualitativ hochwertige Stoffe, fair hergestellte oder Secondhand-Mode kaufen, und indem wir unsere Kleidung pflegen und erhalten, um sie länger nutzen zu können. Während wir so an unserem persönlichen Verhältnis zu unserer Kleidung arbeiten, können wir überlegen, welche Rolle wir bei der Verbesserung der Modeindustrie spielen und wie wir dem gegenwärtigen Trend zu schnelllebiger Mode entgegenwirken können. Bei jedem dieser Schritte haben wir die Möglichkeit, unsere

Beziehungen zu erweitern, uns neue Ausdrucksformen anzueignen, bewusst einzukaufen und zu heilen, was wir als beschädigt erachten.

Wenn wir uns die Zeit nehmen, zu flicken, zu nähen, zu stopfen oder beschädigte Stoffe anderweitig auszubessern, lernen wir gleichzeitig auch viel über Qualität, Gestaltung und Handwerk. Mein Motto lautet: Fangt einfach an. Beginnt euren Weg mit den Fähigkeiten, die ihr heute habt, und glaubt mir: Eure Techniken werden mit der Anwendung immer besser, und ihr werdet unterwegs neue Einsichten gewinnen und neues Selbstbewusstsein erlangen. Eine kleine Veränderung, die wir heute vornehmen, kann in zehn Jahren zu einem großen Wandel führen. Meine Hoffnung ist, dass wir innehalten und über unsere Garderobe nachdenken, wie wir durch sie zu mehr Gesundheit für die Menschen und für unseren Planeten beitragen können. Und ja, ich glaube, dass dies alles möglich ist, indem wir ein paar einfache Grundstiche lernen und unsere liebgewonnene Jeans flicken.

1. KAPITEL

MEIN MODEFASTEN

MAKE THRIFT MEND

Am 1. August 2013 startete ich das Kunstprojekt *Make Thrift Mend* (Herstellen — Trödeln — Reparieren). Ich nahm mir vor, ein ganzes Jahr lang keine neue Kleidung zu kaufen. Mit dem Projekt wollte ich mich als Textilkünstlerin in der sogenannten sozialen Praxis oder »Kunst als Aktion« üben. Im Zentrum meines kreativen Experiments stand mein persönliches Verhältnis zur Mode. Ich kündigte öffentlich an, einfache Kleidungsstücke selbst herzustellen, nur noch Secondhand-Mode zu kaufen und die Kleidung, die ich besaß, zu reparieren. Gleichzeitig wollte ich erkunden, wie ich mich am besten für fair und nachhaltig hergestellte Mode engagieren könnte. Ähnlich wie beim Nahrungsmittelfasten wollte ich meinen Modekonsum pausieren, um zu entschleunigen, nachzudenken und mich neu zu orientieren. Letztendlich hat sich durch das Projekt mein ganzes Leben verändert: Ich habe meine Arbeit neu ausgerichtet und bin mit meiner Familie auf einen 200 Jahre alten Bauernhof am anderen Ende der USA gezogen. Zudem konnte ich in einer Slow-Fashion-Community Fuß fassen, die mich bis heute mit Leidenschaft, Optimismus und Freude erfüllt.

Make Thrift Mend entstand als Reaktion auf drei Ereignisse: Am 24. April 2013 stürzte in der Nähe der bengalischen Hauptstadt Dhaka die Nähfabrik Rana Plaza ein; mehr als 1100 Menschen starben, 2500 weitere wurden verletzt. Dann hörte ich beim Radiosender NPR ein Interview mit Elizabeth Cline, der Autorin von *Overdressed: The Shockingly High Cost of Cheap Fashion*, und ich las einen Blogeintrag der Slow-Fashion-Designerin Natalie Chanin von *Alabama Chanin* über Slow Design. Diese drei Erlebnisse weckten in mir den Wunsch nach Veränderung in meinem Kleiderschrank. Als langjährige Umweltschützerin kam ich zu der überraschenden Erkenntnis, dass ich meine Garderobe bisher aus meinen Versuchen, umweltfreundlich zu leben, ausgeklammert hatte. Doch das sollte sich nun ändern. So entstand mein Projekt *Make Thrift Mend*, und seitdem verzichte ich auf konventionelle Fabrikmode.

Zu Beginn des Projekts lebte und arbeitete ich in einer kleinen Wohnung in Oakland, Kalifornien, zusammen mit meinem Mann und meinem kleinen Sohn. Ich ging regelmäßig auf dem Bauernmarkt einkaufen, hielt mir einen kleinen Gemüsegarten im Hinterhof und kaufte, wenn möglich, Bio-Lebensmittel ein. Nach der Geburt meines Kindes informierte ich mich über die Materialzusammensetzungen von Heimtextilien und kaufte lieber Naturfasern statt Synthetik. Dem Wollteppich gab ich gegenüber seinem Pendant aus Polyester-Wollgemisch eindeutig den Vorzug, doch um die Blusen aus Polyester-Baumwollmischung in meinem Schrank scherte ich mich nicht. Ich war zwar nicht shoppingsüchtig, doch ich durchstreifte regelmäßig Kaufhäuser und Boutiquen nach heruntergesetzten Kleidern oder Blusen, wobei ich beim Kauf meist nach dem Preis, der Farbe und dem Schnitt entschied. Über die Herkunft meiner Textilien und deren Auswirkung auf die Umwelt machte ich mir dabei keine Gedanken, geschweige denn, dass ich mein Einkaufsverhalten mit Tragödien wie dem von Rana Plaza in Verbindung brachte. Irgendwie hatte ich in der Trias aus Essen, Kleidung und Unterkunft den ökologischen Aspekt von Bekleidung übersehen.

Im ersten Jahr meines Modefastens kaufte ich überhaupt keine neuen Stücke. Um das Fasten noch ein Stückchen weiterzutreiben, beschränkte ich mich beim Kauf von Secondhand-Kleidung auf Materialien, die biologisch abbaubar waren. Ich fing an, die Etiketten in den Secondhand-Geschäften aufmerksamer zu studieren, und bald wurden Baumwolle, Seide, Wolle und Leinen zu meinen Favoriten. Je mehr ich recherchierte, desto klarer wurde mir, wie problematisch auch konventionelle Baumwolle aufgrund des Wasserverbrauchs und Pestizideinsatzes beim Anbau der Pflanzen ist, doch immerhin konnte ich Secondhand-Kleidung aus Baumwolle mit Naturfarben färben, also blieb ich zunächst bei meinen Vorgaben. Diese übernahm ich dann für den Kauf von neuen Stoffen und Materialien, auch wenn ich mir zunächst etwa bei Reißverschlüssen,

Fadenspulen oder Stoffmarkern aus Plastik noch etwas Spiel ließ, weil diese selten in vollständig biologisch abbaubaren Ausführungen zu bekommen waren.

Als sich das erste Jahr von *Make Thrift Mend* seinem Ende näherte, wurde mir bewusst, dass ich bislang nur an der Oberfläche gekratzt hatte. Es ging mittlerweile nicht mehr nur um ein persönliches Kunstprojekt, sondern um einen kompletten Wandel meines Modekonsums in Richtung einer nachhaltigen Lebensweise. Ich ließ mich auf ein weiteres Jahr ein, in dem ich mir jedoch gestattete, neue Kleidung zu kaufen, wenn diese lokal hergestellt oder handgemacht war, da ich unabhängige Künstler:innen und Handwerker:innen unterstützen wollte.

Am Ende des zweiten Jahres von *Make Thrift Mend* war ich noch immer nicht fertig. Da es mir von Anfang an nicht in erster Linie um Entbehrung, sondern vor allem um Achtsamkeit und Neuorientierung gegangen war, schien es mir wichtig, einige der Selbstbeschränkungen zu lockern, während das Projekt sich entwickelte. Ich erweiterte die Parameter für neue Kleidung so, dass nun auch größere Marken erlaubt waren, sofern diese unter fairen und ökologischen Gesichtspunkten produzierten und die Kleidung idealerweise aus Bio-Baumwolle bestand (vor allem, weil ich dringend neue Unterwäsche, Socken und Yoga-Hosen brauchte, diese aber noch nicht selbst herstellen konnte). Zu diesem Zeitpunkt konnte ich mir bereits vorstellen, für immer nach diesen Regeln zu leben.

Nach dem dritten Jahr richtete ich mein Augenmerk auf Materialien. Wo gab es Stoffe, Garne, Kurzwaren und anderes Zubehör aus nachhaltigen Quellen? Aus regionalen Quellen? Aus Naturfasern? Von haltbarer Qualität? Die Materialbeschaffung erwies sich als besondere Herausforderung, da ich seit unserem Umzug aus dem urbanen Oakland ins ländliche Hudson Valley im Staat New York keinen Zugang mehr zu den Stoffgeschäften mit ihrer inspirierenden Auswahl an Bio-Baumwolle, Wolle, Leinen und den Angeboten unabhängiger Stoffdesigner:innen hatte.

Zwar lagen die Stoffgeschäfte von New York nur eine zweistündige Fahrt in Richtung Süden entfernt, doch da ich mittlerweile zwei Kinder hatte — ein sechs Monate altes und ein vierjähriges —, waren solche Unternehmungen eher selten. Ich verlangsamte also die Produktion neuer Stücke, während ich abwog, welche der selbst hergestellten Teile ich wirklich brauchte, welche ich unbedingt wollte und welche ich am häufigsten tragen würde. Da ich Leinen nicht nur gerne trage, sondern diesen Stoff auch gerne mit pflanzlichen Farbstoffen färbe, fing ich an, im Internet nach nachhaltigen Leinen- und Baumwollstoffen zu suchen, sofern bei mir in der Nähe keine Meterware erhältlich war. Natürlich zog das wieder die ökologische Problematik von Verpackung und Versand nach sich, doch beim nachhaltigen Lebensstil müssen wir uns immer wieder entscheiden, in dem Bewusstsein, dass es keine perfekten Lösungen gibt.

Mit *Make Thrift Mend* begann für mich auch ein Rechercheprojekt. Ich wollte so viel wie möglich über nachhaltige Mode erfahren und Künstler:innen, Organisationen und Internet-Seiten finden, die mir bei meinen Entscheidungen helfen konnten. Ich las Bücher. Durchforstete das Internet. Ging auf Veranstaltungen. Ich besuchte Kurse. Gab Kurse und noch mehr Kurse und entwickelte schließlich eine eigene Technik zur Reparatur von Kleidung. Ich studierte Reparaturtechniken in verschiedenen Kulturen und fand überall Gemeinsamkeiten: Vom einfachen Reihstich und der japanischen Sashiko- und Boro-Tradition über die indischen Kantha- und die US-amerikanischen Quilt-Techniken bis hin zu verschiedenen Stopfmethoden, die sich auf antiken Textilien in Europa finden lassen. Ich entwickelte eine Leidenschaft für natürliche Farbstoffe und Indigo. Auf meiner Website bot ich kostenlose Tutorials an und veranstaltete Nähzirkel mit Freund:innen und Künstler:innen. Ich organisierte auch öffentliche Events mit Textilkünstler:innen an ungewöhnlichen Orten, etwa im Finanzdistrikt in San Francisco, um die Techniken der Slow Fashion wie Weben, Färben, Sticken, Drucken und Stopfen zu verbreiten.

Doch das wichtigste Resultat meines Modefastens war, dass ich dem Reparieren verfallen bin. Es begann aus Notwendigkeit, weil im ersten Jahr von *Make Thrift Mend* gleich drei meiner Jeans an den Knien aufrissen. Ich weiß gar nicht, ob mir aufgefallen wäre, wie schnell ich meine Jeans abtrage, wenn ich der schnelllebigen Mode nicht abgeschworen hätte. Wahrscheinlich hätte ich die Hosen einfach ersetzt, bevor sie komplett durchgewetzt gewesen wären. Die meisten von uns denken beim Flicken an eine lästige Pflicht; etwas, das wir schnell und effizient hinter uns bringen oder am besten vermeiden wollen, damit wir uns wieder wichtigeren oder angenehmeren Tätigkeiten widmen können. Doch für mich entwickelte sich das Reparieren zu einer Kunstform, als mir bewusst wurde, welche Möglichkeiten sich bieten, wenn man Flicken und Nähte als Designelemente betrachtet. So konnte ich etwas schaffen, das schön und umweltfreundlich war, und das zugleich die Kleidung als durchaus getragen, aber liebgewonnen kennzeichnete.

Ich konnte also die Reparatur von einer alltäglichen zu einer künstlerischen Erfahrung erheben. Als ich auf Tom of Holland und sein *Visible Mending Programme* stieß, verliebte ich mich sofort in seine kontrastreichen Reparaturen handgestrickter Pullover. Die Subversion der unsichtbaren Reparatur, die Toms Arbeit eingeschrieben ist, fand ich inspirierend und befreiend zugleich: Mir gefiel die Idee, die Abnutzungen und Beschädigungen eines Kleidungsstücks durch schöne Stiche hervorzuheben, anstatt sein Vorleben zu verbergen. *Visible Mending* in Kombination mit den Einflüssen der Sashiko-Technik, des Kantha, des amerikanischen Quiltens und europäischer Stopftechniken — und ich war süchtig.

Ich entdeckte verschiedene clevere Arten der Reparatur, doch wirklich begeistern konnten mich Flicken, Reihstiche und die Indigo-Farben des traditionellen japanischen Boro. Meinen ersten Reparatur-Workshop unterrichtete ich in San Francisco, weitere folgten bald. Nun, dutzende Workshops mit tausenden Teilnehmer:innen später, bilden die Kurse einen

Eckpfeiler meiner Arbeit. Auch wenn ich ursprünglich nicht geplant hatte, meine Arbeit im Atelier auf das Unterrichten von Reparaturtechniken und Slow Fashion zu verlagern, kann ich es mir heute nicht mehr anders vorstellen.

Durch meine Workshops hatte ich auch die Gelegenheit, anhand der von den Teilnehmenden mitgebrachten Stücke zu studieren, wie Kleidung verschleißt, ausfranst, reißt oder anderweitig abnutzt. Ich konnte meine eigenen Techniken verbessern und lernte, dass eine Lösung nicht zu allen Reparaturen, Stoffen, Kleidungsstücken oder -stilen passt. Ich erfuhr, dass die Menschen nicht nur lernen wollten, ihre Kleidung zu reparieren, sondern auch auf der Suche nach Gleichgesinnten innerhalb der Slow-Fashion-Community waren. Ich begriff zudem, dass unsere Kleidung von Natur aus altert. Kleidungsstücke bestehen aus Fasern, und diese Fasern geben durch unsere Körperbewegungen beim Tragen irgendwann nach. Dieser Prozess ist völlig akzeptabel und auch zu erwarten. Wir können das Flicken als Teil des Lebenszyklus von Kleidung annehmen und diese Verwandlung mit umsichtigen Reparaturen zelebrieren.

2. KAPITEL

WERKZEUGE UND MATERIALIEN

NÄHTÄSCHCHEN

Mit nur wenigen grundlegenden Werkzeugen und Materialien könnt ihr die in diesem Buch vorgestellten Projekte umsetzen. Eine Nähmaschine wird nicht benötigt. Ich bewahre meine Nähsachen in einem kleinen Beutel mit Reißverschluss auf, den ich für unterwegs einfach in meine Tasche packen kann.

Die in diesem Kapitel vorgestellten Werkzeuge und Materialien sind meine persönlichen Favoriten. Ich benutze sie bei der Arbeit in meinem Studio, unterwegs oder wenn ich unterrichte. Ich möchte euch jedoch dazu ermutigen, mit den Utensilien zu arbeiten, die ihr bereits besitzt, und auf euer Gefühl zu vertrauen, wenn es darum geht, Stoffe, Flicken und Garne zu kombinieren. Meine Reparaturen konzentrieren sich auf gewobene Stoffe, also auf Leinen, Jeans, Baumwolle und Seide. Denim eignet sich gut für sichtbare Reparaturen, weil er robust und haltbar ist und mit legerer Freizeitkleidung assoziiert wird. Dekorative, mit der Hand genähte Stiche erscheinen daher als passende Wahl. Grundsätzlich könnt ihr jedoch mit dieser Technik jeden gewebten Stoff reparieren, sofern ihr Garn und Flicken entsprechend anpasst und eine geeignete Nadel nutzt.

Normalerweise arbeite ich nicht mit dehnbaren Materialien, doch die Reparatur von dehnbarem Baumwolljersey wie von Leggins oder T-Shirts funktioniert nach dem gleichen Prinzip: Der Flicken muss zum Kleidungsstück passen, Fadendicke und Nadelgröße müssen entsprechend ausgewählt werden. Der Unterschied ist nur, dass mit einem Stretch-Stich genäht wird. Ich empfehle dazu Natalie Chanins Buch über Stretch-Stiche (siehe Literaturhinweise, S. 217). Bei der Reparatur von Strickwaren wie Mützen, Schals oder Pullovern sollten die Löcher mit Strickgarn gestopft werden statt mit Sashiko-Garn und Flicken. Zum Thema Stopfen möchte ich auf Tom of Holland und seine wunderbaren sichtbaren Reparaturen von Handgestricktem verweisen (siehe Beitragende Künstler:innen, S. 217).

BASICS

GARNE Ich arbeite vor allem mit biologisch abbaubaren Materialien, etwa dem Sashiko-Garn, das zu 100 Prozent aus Baumwolle besteht. Es ähnelt Stickgarn, hat aber nicht die gleiche Struktur — sechs Fäden, die für feinere Stiche einzeln herausgelöst werden können — und schimmert auch nicht. Es fühlt sich angenehm natürlich und schwer an, was wunderbar zum geliebten Jeansstoff passt. Sashiko-Garn ist in vielen Farben erhältlich, ich verwende es am liebsten in naturweiß, blau und schwarz. Ihr könnt es auch selbst färben; mit natürlichen Farbstoffen erzielt man einzigartige pflanzenbasierte Töne (siehe etwa das mit Avocadokernen gefärbte Garn auf S. 161). Ich verwende Sashiko-Garn sehr häufig, und auch in diesem Buch kommt es durchgehend zur Anwendung, wobei ich beim Reparieren von Seide zu Seidengarn greife und für Leinenstoffe auch gewachstes Leinengarn nehme.

Natürlich kann man je nach Belieben jedes andere Garn verwenden, allerdings sollte es immer zur Kleidung passen. Für das Seidenhemdchen, das ich im Kapitel »Improvisiertes Stopfen und Weben« repariere (ab Seite 153), habe ich Seidengarn verwendet, doch es kämen auch Bio-Baumwolle oder Leinen in Frage, solange das verwendete Garn stark genug für die Reparatur ist.

FLICKEN Achtet darauf, dass ihr alle Flicken und Kleidungsstücke dem Pflegeetikett entsprechend wascht und trocknet. Wie beim Garn sollte die Materialzusammensetzung des Flickens zu der des Kleidungsstücks passen, das repariert werden soll. Dafür könnt ihr bei Farbe, Linienführung, Form und Größe kreativ werden und mit Kontrasten arbeiten. Manchmal möchten wir vielleicht einen besonderen Stoff als Flicken verwenden, um das Kleidungsstück aufzuwerten. Wenn Gewebe und Dichte des Flickens denen des Trägerstoffs ähneln, sollte das kein Problem sein. Da wir mit dem Stoffflicken die Stärke und Dichte des Trägerstoffs ergänzen bzw. wiederherstellen wollen, ist es nicht ratsam, etwa einen Seidenflicken auf eine Drillich-Hose zu nähen.

Von meinen Kursteilnehmer:innen höre ich oft, dass sie gerne schöne bedruckte Baumwollstoffe zur Reparatur von Jeans verwenden würden. In diesem Fall empfehle ich, für die Stabilität zunächst einen Jeansflicken aufzunähen und darauf dann den Baumwollstoff zur Verzierung anzubringen. Ihr könnt die beiden Flicken auch direkt aufeinander platzieren und sie zusammen festnähen.

Bei der Bemessung eines Flickens ist es gut, großzügig sein: Ein zu großer Flicken ist immer besser als ein zu kleiner. Wenn die beschädigte Stelle im Kleidungsstück also beispielsweise 3 cm breit ist, schneidet ihr den Flicken auf 6 bis 8 cm Breite. So deckt er sowohl das Loch als auch den ausgefransten oder abgewetzten Bereich darum herum ab und findet Halt auf unbeschädigtem Material. Außerdem ist der Flicken dann groß genug, um die Ränder zum Versäubern einzuschlagen.

Welches Kleidungsstück an welcher Stelle repariert werden soll, bestimmt letzten Endes darüber, ob und wie die Ränder des Flickens versäubert werden. Bei einem Jeansflicken, der von innen an einen Jeansstoff genäht wird, genügt es, den Flicken mit einer Zackenschere zuzuschneiden, da Jeansstoff kaum ausfranst. Wenn die Nähte etwa 1 cm vom Rand des Flickens angebracht werden, verhindern sie zusätzlich das Ausfransen. Aufgrund der Dicke von Jeansstoff ist das Umnähen der Ränder mühsam und kann beim Tragen außerdem unangenehm sein. Ein Jeansflicken, der von außen auf Jeans appliziert wird, hält länger, wenn man die Kanten durch Einschlagen versäubert. Knieflicken sollten so groß sein, dass sie vom Schienbein bis zum Oberschenkel reichen, damit die durch das Einschlagen entstehende Wulst bei Bewegungen nicht unangenehm drückt. All dies werdet ihr jedoch mit wachsender Erfahrung auch intuitiv wissen.

Bei der Reparatur von Leinen schlage ich normalerweise die Kanten ein und versäubere sie, da Leinenstoffe leicht ausfransen. Das Gleiche gilt für Seide. Bei Baumwolle kommt es auf die Dicke des Stoffs an; ein leichterer Stoff sollte eventuell an den Rändern versäubert werden. Verlasst euch auf euer Gefühl, und denkt daran, dass ihr auch immer noch einen zusätzlichen Flicken anbringen könnt, falls der erste Verstärkung brauchen sollte. Alternativ kann der alte Flicken auch entfernt und durch einen robusteren ersetzt werden, wenn er sich an den Rändern zu schnell auflöst.

NADELN Für alle Projekte in diesem Buch verwende ich Sashiko-Nadeln. Sie passen gut zum Sashiko-Garn, das für Jeansreparaturen ideal ist. Wenn ich eine dünnere Nadel und feineres Garn brauche, greife ich auf spitze Sticknadeln zurück. Für zarte Stoffe wie Seide nehmt ihr am besten eine besonders dünne und dennoch stabile Nadel, um keine unnötig großen Löcher im Stoff zu hinterlassen.

FINGERHÜTE Ich habe beim Nähen immer einige Fingerhüte griffbereit, vor allem wenn ich mit Jeansstoff oder anderen festen Stoffen wie Drillich arbeite, bei denen das Nähen für die Finger anstrengend sein kann. Dabei bevorzuge ich die klassische Ausführung aus Metall, die in jedem Handarbeitsladen erhältlich ist. Es gibt sie in verschiedenen Größen, ihr solltet also darauf achten, welcher der richtige für eure Finger ist. Ich benutze auch gerne einen Fingerhut aus Leder, der nicht nur schön aussieht, sondern bei längerem Nähen auch die Haut atmen lässt.

ZANGEN Spitzzangen sind hilfreich bei der Arbeit mit dichten Stoffen: Ich schiebe die Nadel mit dem Fingerhut in den Stoff und ziehe sie mit der Zange wieder heraus. Das schont die Finger und Handgelenke.

SCHEREN Ich benutze in erster Linie drei verschiedene Scheren — eine Stick-, eine Zacken- und eine Stoffschere — wobei für die meisten meiner Arbeiten eine hochwertige Stickschere oder ein Fadenabschneider und eine kleine Stoffschere genügen. Für die Ränder von Jeansflicken nutze ich manchmal eine Zackenschere, für größere Mengen an Stoff eine Zuschneideschere, also eine größere, scharfe Stoffschere. Verwendet eure Stoffscheren nur für Textilien — also nicht für Papier oder andere Materialien —, damit sie scharf bleiben und ihr sie lange nutzen könnt.

STECK- UND SICHERHEITSNADELN benötigen wir, um die Flicken auf dem Stoff zu fixieren. Für die Arbeit in meinem Studio stecken sie in einem Nadelkissen, für unterwegs bewahre ich sie in einem Metallkästchen mit festem Verschluss auf. Ich habe auch immer gebogene

Quiltnadeln griffbereit: Sie bleiben beweglich, während sie den Stoff festhalten, was besonders bei der Reparatur von Hosenbeinen von Vorteil ist. Man kann zur Fixierung außerdem grobe Stiche mit einem Heftfaden verwenden.

TEXTILMARKER Mit Textilmarkern zeichne ich mir Linien vor oder markiere die Ränder von verdeckten Flicken. Am liebsten sind mir Kreidestifte mit austauschbarer Mine, wie sie fürs Quilten verwendet werden, doch jeder auswaschbare Textilstift tut es ebenso. Für hellere bzw. dunklere Stoffe benutze ich Stifte in verschiedenen Farben.

MASSBAND ODER LINEAL Welches Werkzeug ihr zum Messen benutzt, liegt ganz bei euch. Mit einem Lineal lassen sich gerade Linien oder Raster vorzeichnen, ein Maßband hingegen ist weniger sperrig. Ich habe in meinem Nähkästchen auch ein antikes Klapplineal, mit dem ich gerne arbeite.

BIENENWACHS Meine liebste Neuentdeckung ist zu hundert Prozent natürliches Bienenwachs, das schon lange beim Quilten und Buchbinden zur Anwendung kommt. Es macht Garne gleitfähiger und ist insbesondere bei gefärbtem Garn von Nutzen. Wenn Garn nach dem Färben trocknet, kann es steif und kratzig werden oder anrauen. Wenn man es anschließend durch Bienenwachs zieht, glättet sich die Oberfläche. So lässt es sich für Reparaturen nutzen, ohne sich zu verheddern oder zu reißen.

FALZBEIN ODER WENDEHILFE Falzbeine, ursprünglich ein Buchbindewerkzeug, eignen sich gut, um beim Wenden Ecken herauszudrücken. Auch eine Wendehilfe oder ein Saumfalzer sind nützlich, damit in Ecken die Stofflagen flach zum Liegen kommen. Ihr könnt dafür auch einen spitzen, mit Klebeband umwickelten Bleistift verwenden; das Klebeband verhindert, dass der Stoff Flecken bekommt.

»Meine Kleidung ist größtenteils von mir selbst hergestellt. Ich kaufe noch Schuhe, gelegentlich ein Paar Socken und Unterwäsche (auch wenn sich Letzteres bald ändern soll), doch ansonsten ist alles einhundert Prozent Handarbeit. Das kam nicht über Nacht; es war ein Prozess des Herumprobierens, von dem ich jede Minute genossen habe. Mein Blick auf Kleidung hat sich vollkommen verändert. Kleidung zu kaufen war für mich früher immer stressig und frustrierend. Wenn ich heute ein Kleidungsstück entwerfe, denke ich über Form und Stoff nach, über Materialien und Haltbarkeit, darüber, wie es fällt und ob es bequem ist.

All diese Entscheidungen darf ich selbst treffen, anstatt mich den Ideen Anderer zu unterwerfen. Die Herstellung von Kleidung (Nähen oder Stricken) ist ein Kontinuum, ist persönlicher modischer Ausdruck, intellektuelle Beschäftigung, Unabhängigkeit und reine Freude. Meine Kleidung selbst herzustellen macht mich glücklich. Das bedeutet nicht, dass ich bei meinen Erzeugnissen immer erfolgreich bin — es gab einige ›Unfälle‹: Manches verschenkte ich für ein zweites Leben weiter, anderes wurde umfunktioniert oder landete im Secondhand-Laden. Doch meistens, und immer häufiger, stelle ich Kleidungsstücke her, die ich trage und schätze. In einer sich wandelnden Welt schenkt mir das Zufriedenheit und ein wenig Frieden.«

SAMANTHA HOYT LINDGREN
A Gathering of Stitches

3. KAPITEL

GRUND-TECHNIKEN UND SLOW DESIGN

DIE SCHÖNHEIT VON HANDSTICHEN

Ich fing aus Notwendigkeit mit der Reparatur von Kleidung an: Ich musste die Löcher in meinen Hosen flicken, damit ich sie weiter tragen konnte, während ich meinem Kleinkind durch die Straßen und über die Spielplätze von Oakland hinterherjagte. Zum Nähen mit der Hand kam ich, weil es so leise war. Ich lebte mit meiner Familie in einer winzigen Wohnung und fing gerade wieder an, von zu Hause aus zu arbeiten. Dabei waren die ruhigen Stunden, in denen das Kind schlief, besonders wertvoll. Ich konnte es mir nicht leisten, meinen Sohn mit dem Rattern der Nähmaschine aufzuwecken, doch ich konnte mich mit einer Tasse Tee aufs Sofa setzen und in vollkommener Stille von Hand nähen. Was mir daran außerdem gefiel, war, dass ich es jederzeit unterbrechen konnte. Wenn mein Kleiner unerwartet aufwachte, konnte ich mein Projekt einfach beiseitelegen, bis ich ein paar Stunden (oder sogar Tage) später Zeit hatte, es wieder aufzunehmen. Das Nähen mit der Hand erinnerte mich ans Stricken — es war praktisch, verzieh Fehler und die Arbeit ließ sich überall mit hinnehmen.

Das händische Nähen tut uns auch auf unbewusster Ebene gut. Es heißt, dass die Augenbewegung beim Nähen, ebenso wie die beim Lesen, den REM-Schlaf stimulieren und uns dabei helfen, zu entspannen. Es erinnert außerdem an frühere Zeiten, als es noch keine Nähmaschinen gab oder diese noch nicht für alle verfügbar waren. Das Nähen mit der Hand ist von der Technik her sehr einfach, kann aber dennoch in der Anwendung wunderschön und kompliziert sein.

Die wahre Erleuchtung kam mir jedoch, als mir bewusst wurde, dass ich bei der Reparatur von Kleidung meine Kenntnisse als Textilkünstlerin nutzen konnte. Bei der Auswahl von Flicken oder dem Verlauf von Vorstichen standen mir entsprechend der grundlegenden Designelemente — Linienführung, Formen, Abstände, Strukturen, Farben — alle Optionen offen. Ein wenig absichtsvolle Beschränkung — wie die Verwendung von nur weißem Garn und blauen Denimflicken — genügte, um meine Kreativität anzuregen und mit dem ursprünglichen Design des Stücks, seiner Farbe, den Fasern und der Textur, in einen Dialog zu treten.

Vor nicht allzu langer Zeit wären unsere Vorfahren noch entsetzt gewesen bei der Vorstellung, ein Kleidungsstück, das noch zu gebrauchen ist, einfach wegzuwerfen, nur weil es gerissen ist, weil ein Knopf fehlt oder weil es ein Loch hat. Unsere getragene Kleidung bietet uns kreative Möglichkeiten der Reparatur und konfrontiert uns mit der Tatsache, dass schöne Dinge zwar kaputtgehen, wir sie aber durch bedachte Reparaturen weiterhin nutzen können. Irgendwann habe ich sogar einige meiner Gedichte auf Stoff drucken lassen und in die Taschen meiner selbst angefertigten Kleider eingenäht. Persönliche Details machen ein Kleidungsstück nicht nur wertvoll und

STITCHING LETTERS ACROSS THE
PAGES NOT LIKE PAPER BUT LIKE
A SOFTER WEARABLE BOOK. HELD
TOGETHER BY THE STRINGS. AND
SEEDS. AND PLANT OR ANIMAL
FIBER. STALKS PUSH THROUGH
SOIL BECAUSE OF SUNLIGHT. WE
REACH BECAUSE WE MUST. OR WE
REACH BECAUSE THE SEEDS DO.

einzigartig, sie binden uns auch emotional daran. (Außerdem hat es etwas Zauberhaftes an sich, ein geheimes Gedicht in der Tasche versteckt zu wissen.)

Ich habe die Techniken in diesem Buch so einfach wie möglich gehalten. Für alle Projekte kommt man mit nur drei einfachen Stichen aus: Dem Vorstich, dem Reihstich (auch Heftstich genannt) und dem Überwendlingsstich. Die Projekte sollen möglichst vielen Interessierten offenstehen. In meinen Kursen sage ich immer gerne: »Wenn ihr euch die Schuhe zubinden könnt, dann kann ich euch auch das Nähen beibringen.« Zu lernen, wie man einen Computer benutzt, ist viel komplizierter als das Erlernen von Grundstichen mit Nadel und Faden.

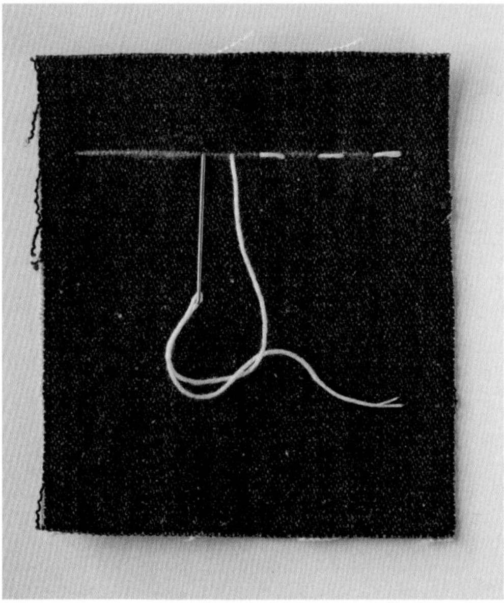

VORSTICH Der Vorstich ist der einfachste Handstich. Hierbei wird der Faden immer abwechselnd von unten nach oben und ein Stückchen daneben wieder von oben nach unten durch den Stoff geführt. Die Stichlänge ist variabel; ich setze die Stiche meist etwa 3 bis 6 mm auseinander. In jedem Fall achte ich darauf, dass sie nicht länger als 1,5 cm sind, damit ich später nicht aus Versehen an einem Stich hängenbleibe und den Faden wieder herausziehe.

Der Vorstich ist vielseitig einsetzbar. Man kann in jede Richtung nähen und somit eine Reihe horizontaler, vertikaler oder diagonaler Stiche schaffen. Da jeder Stich in zwei Schritten ausgeführt wird, bietet sich nach jedem Durchziehen des Fadens die Möglichkeit, die Richtung zu wechseln. Das ist besonders bei Flicken nützlich, die keine geraden Ränder haben. Dieser Stich ist gut geeignet, um mehrere Lagen festen Stoffs wie beispielsweise Jeans miteinander zu verbinden. Bei dünneren Stoffen und weniger oder nur leichten Richtungswechseln können auch mehrere Vorstiche auf einmal ausgeführt werden, siehe »Reihstich«.

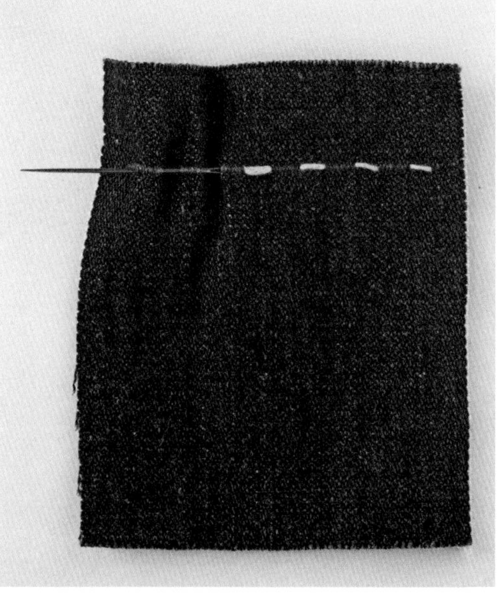

REIHSTICH Der Reihstich, auch Heftstich genannt, ist mein Lieblingsstich zur Reparatur von Kleidung. Er besteht aus einer Reihe von Vorstichen, nur dass man nicht jeden Stich einzeln näht, sondern drei bis fünf Stiche auf einmal auf die Nadel fädelt. Man führt also die Nadel mehrmals durch den Stoff auf und ab, bevor man sie heraus- und den Faden somit durchzieht. Die einzelnen Stiche sind recht fein und regelmäßig. Sie weisen in dieselbe Richtung, ohne einander zu überlappen.

Reihstiche lassen sich über die gesamte Länge der Nadel aufnehmen. Sie erzeugen gerade Stichreihen. Der Reihstich lässt sich komplett von einer Seite der Arbeit bewerkstelligen, da man die Nadel von der Oberseite aus durch alle Lagen hindurch in einer Wippbewegung auf- und abführt, ohne die Arbeit zu wenden. Daher ist er gut geeignet, um Knie, Ellbogen oder andere schwer erreichbare Stellen an Kleidungsstücken zu reparieren. Er ist auch ideal, wenn man auf größeren Flächen näht, etwa bei einem Quilt oder dem Rücken einer Jacke. Ich nutze den Reihstich für Sashiko-Stichreihen auf verschiedenen Stoffen.

ÜBERWENDLINGSSTICH Beim Überwendlingsstich wird jeder Stich einzeln gearbeitet. Überwendlingsstiche sind besonders für Stoffränder gut geeignet, etwa bei einem gerissenen Knie, oder um die Ränder eines Lochs auf einem Innenflicken festzunähen. Für den Überwendlingsstich sticht man die Nadel von unten nach oben durch den Stoff und sticht dann etwa 6 mm oberhalb des Anfangspunktes wieder ein. Als nächstes führt man auf der Unterseite die Nadel diagonal zurück, so dass man mit etwas Abstand neben dem Anfangspunkt wieder herauskommt. Hier beginnt dann der zweite Stich: Oben einstechen, diagonal versetzt unten wieder herauskommen. So entsteht eine Reihe von parallelen Stichen, die auf der Vorderseite des Stoffes vertikal und auf der Rückseite diagonal verlaufen.

Wer bereits Erfahrung mit Nähen, Quilten, Sticken oder anderen Textilkünsten hat, kann bei den vorgestellten Projekten je nach Wunsch auch kompliziertere Stickstiche anwenden. Die Projekte sollen jedoch grundsätzlich für alle umsetzbar und praktisch sein, sie sollen Spaß machen und Gelegenheit bieten, Kleidung kreativ, mit künstlerischem Blick und offenem Herzen zu reparieren. Vergesst nicht: Das Einfache ist nicht immer leicht, und manchmal ist weniger mehr. Falls ihr also versucht seid, kreativere Stiche auszuprobieren, denkt daran, dass man mit dem einfachen Reihstich wunderschöne Linien erzeugen und bei der Reparatur einen minimalistischen Ansatz verfolgen kann. Noch dazu ist er sehr effizient. Ihr könnt ein Lineal und einen Textilstift verwenden, um euch die Ränder von Flicken zu markieren sowie gerade Linien oder sogar ein Gittermuster aus längs und quer verlaufenden Stichreihen vorzuzeichnen. Normalerweise zeichne ich beim Reparieren nicht die einzelnen Stiche mit Kreide vor, sondern ziehe einfach eine gerade Linie und improvisiere dann die Abstände. Die Unregelmäßigkeit meiner Stichlängen habe ich als Teil meines Handwerks akzeptiert.

Es macht nichts, wenn die Stiche nicht perfekt sind. Wie bei einer Handschrift oder beim Zeichnen trägt jeder Stich den Stempel seiner Schöpferin. Mit der Zeit wird man sicherer und konsistenter, dennoch ist Perfektion nicht immer das Ziel — sie ist nicht einmal besonders interessant. Schließlich schätzen wir an den fertigen Reparaturen gerade das Handgemachte, also dass man ihnen ansieht, dass sie von einem Menschen angefertigt und nicht von einer Maschine produziert wurden. Gerade die persönliche Note verleiht einem natürlich gealterten Kleidungsstück Intimität, Schönheit und sogar Würde.

SAISONALE FARBEN AUS DER NATUR

»Durch das Färben unserer Kleidung mit Pflanzen aus unserer Umgebung können wir eine neue Sprache für die Erzählung unserer Zeit und unseres Raums entwickeln. Wir tränken unsere gestrickten Wintersachen mit den Strahlen der Sommersonne und tragen die gemeinsam verbrachte Zeit auf dem Leib. Wenn ich an einem kalten Nachmittag das durchgescheuerte Knie an der Hose meines Sohnes mit indigofarbenem Stoff repariere, erinnere ich mich nicht nur an das emsige Spiel, bei dem das Loch entstand, sondern auch an das kalte Quellwasser und die kleinen, blaugefärbten Hände, die mir beim Umrühren und Auswringen geholfen haben.

Wenn wir Wolle, Baumwolle und Leinen mit pflanzlichen Stoffen färben, konservieren wir damit auch die Erinnerung an die Goldrute, die in diesem Jahr überall ringsum wucherte, und an die strammen Eichen, die uns körbeweise taninhaltige Eicheln lieferten. Wir können Farbe für den Winter horten und als Medizin auf dem Leib tragen. Indem wir die Farben um uns herum ernten und sie zu einem Teil unserer Garderobe machen, bewahren sie unsere Geschichten für uns auf und erzählen uns diese erneut.«

JESSICA LEWIS STEVENS
Sugarhouse Workshop

4. KAPITEL

AUSSEN-FLICKEN

DIE MÖGLICHKEITEN DES FLICKENS

Die einfachste Variante, ein Kleidungsstück zu reparieren, besteht grundsätzlich darin, einen Flicken über den Riss oder das Loch zu applizieren. Doch selbst die schlichtesten Reparaturen lassen sich nach Designprinzipien schön und visuell ansprechend gestalten. In diesem Kapitel geht es um minimalistische beziehungsweise aufwendigere Ansätze bei der Reparatur mittels Flicken, die dennoch erlauben, Überlegungen zu Größe, Format und Farbe einzubeziehen und je nach Lust und Laune in den Bereich von Patchwork-Techniken zu schnuppern.

Unabhängig davon, ob ich meine Reparaturen von innen oder von außen, sichtbar oder unsichtbar oder in einer Kombination daraus vornehme, verstärke ich sie meist mit einem Stück Stoff. Es geht nichts über einen gut platzierten, gut gewählten und gut angenähten Flicken. Manchmal ist er genau das, was ein Kleidungsstück braucht, damit es wieder genutzt werden kann. Zudem gibt es endlose Möglichkeiten, schöne Stoffreste, robusten Jeansstoff, natürlich gefärbte Stoffe oder Materialien von sentimentalem Wert zur Reparatur unserer Kleidung zu verwenden. Jeder zusätzliche Arbeitsschritt, jede Verzierung verleiht dem Ganzen mehr Tiefe und Bezug.

Projekt 1

Einfacher Gesäßtaschenflicken

Das Aufsetzen eines Außenflickens ist ganz einfach: Man fertigt einen Flicken aus einem Stoff, der vom Material her dem des zu reparierenden Kleidungsstücks ähnelt. Selbst der schlichteste Flicken kann ungeahnte Designmöglichkeiten bieten. Ist der Flicken übergroß oder so klein wie möglich? Bildet er einen Kontrast zum Kleidungsstück oder nicht? Sind die Ränder eckig, abgerundet oder eingeschlagen? Und brauchen wir nur einen Flicken oder zwei? In diesem ersten Projekt gehen wir diese grundlegende Reparaturtechnik Schritt für Schritt durch.

MATERIALIEN

- Reparaturbedürftiges Kleidungsstück
- Bügeleisen
- Maßband oder Lineal
- Stoffschere
- Stoffrest (für den Flicken)
- Steck- oder Sicherheitsnadeln
- Sashiko-Garn
- Sashiko-Nadeln
- Stickschere oder Fadenabschneider (optional)
- Fingerhut (optional)

1

2

1 Breitet das Kleidungsstück auf eurer Arbeitsfläche aus. Bügelt es, falls nötig.

2 Messt das Loch oder den Riss aus und fügt auf allen Seiten 1,5 bis 2,5 cm hinzu. Seid dabei ruhig großzügig: Ein zu großer Flicken ist besser als ein zu kleiner, und die Ränder werden zum Versäubern noch eingeschlagen.

3 Schneidet den Flicken aus dem Stoffrest entsprechend den Maßen aus Schritt 2 zurecht.

4 Rundet die Ecken des Flickens ab, damit sich beim Einschlagen der Ränder keine Wulst bildet. Schlagt die Ränder gleichmäßig ca. 6 mm ein und bügelt sie, sodass sie liegenbleiben.

5 Platziert den Flicken mittig auf der beschädigten Stelle im Kleidungsstück, mit der rechten Stoffseite nach oben. Fixiert ihn mit Steck- oder Sicherheitsnadeln auf dem Stoff, so dass er nicht mehr verrutscht.

6 Fädelt das Garn in die Nadel, verknotet es am langen Ende und stecht mit der Nadel an einer Ecke des Flickens von unten nach oben, so dass der Knoten unter dem Flicken verborgen bleibt. Näht mit einem Reihstich (siehe Seite 41) an den Rändern des Flicken entlang, bis er rundum festgenäht ist, entfernt dabei nach und nach die Steck- oder Sicherheitsnadeln. Achtet darauf, dass ihr die Hosentasche nicht aus Versehen zunäht. Verknotet und vernäht den Faden auf der Innenseite. Voilà! Tragt das reparierte Stück mit Freude.

3

4

5

6

Projekt 2

Kontrastierender Saumflicken

Flicken, die einen farbigen Kontrast zum Kleidungsstück darstellen, gehören zu meinen Lieblingsreparaturen. Mit einem dunkelblauen Flicken bekommt eine helle Jeans plötzlich einen ganz neuen Look. Die Möglichkeiten von Farbkombinationen sind immens. Dieser kontrastierende Flicken eignet sich perfekt für die Reparatur eines ausgefransten Saums am Hosenbein. Denn auch wenn der beschädigte Bereich sich nicht in einem prominent sichtbaren Bereich des Kleidungsstücks wie etwa dem Knie, Ellbogen oder Kragen befindet, kann man mit Farben und Kontrasten spielen, um die Stiche, den Flicken oder die selbstgemachte Reparatur zu betonen.

MATERIALIEN

- Reparaturbedürftiges Kleidungsstück
- Bügeleisen
- Maßband oder Lineal
- Stoffschere
- Stoffrest (für den Flicken)
- Auswaschbarer Textilmarker oder Schneiderkreide
- Steck- oder Sicherheitsnadeln
- Sashiko-Garn
- Sashiko-Nadeln
- Fingerhut (optional)
- Spitzzange (optional)
- Stickschere oder Fadenabschneider (optional)

1 Breitet das Kleidungsstück auf eurer Arbeitsfläche aus. Bügelt es, falls nötig. Messt das Loch oder den Riss aus und fügt auf allen Seiten 1,5 bis 2,5 cm hinzu. Verdoppelt das Maß in der Höhe, so dass ihr den Flicken um das Hosenbein herumschlagen könnt und somit die beschädigte Stelle von innen und von außen abdeckt.

2 Schneidet den Flicken aus dem Stoffrest entsprechend den Maßen aus Schritt 1 zurecht. Schrägt dabei die Seiten nach unten hin leicht an, so dass der Teil, der in das Hosenbein kommt, etwas schmaler ist als der außenliegende. So verschwinden die Nähte für die Innenseite später unter dem Außenflicken (siehe Fotos).

3

4

3 Schlagt die Ränder um ca. 6 mm ein und bügelt sie. Die Ecken des Flickens können je nach Wunsch abgerundet, eckig oder als Briefecke gestaltet werden.

4 Zuerst wird die Innenseite, dann die Außenseite festgenäht. Platziert hierfür den Flicken an der beschädigten Stelle am Saum so, dass ihr das schmalere Ende ins Hosenbein schiebt. Zeichnet die Umrisse des Flickens von außen nach. Fixiert den Flicken und die eingeschlagenen Ränder mit Steck- oder Sicherheitsnadeln.

5

6

5 Fädelt das Garn in die Nadel, verknotet es am langen Ende und stecht mit der Nadel von außen nach innen, so dass der Knoten später zwischen den beiden Flickenhälften verborgen bleibt. Näht mit einem Reihstich (siehe Seite 41) an den Rändern des Flickens entlang, bis die Innenseite festgenäht ist. Verknotet und vernäht den Faden.

6 Faltet nun die übrige Hälfte des Flickens über den bereits genähten Teil, so dass der beschädigte Saum zwischen den beiden Hälften liegt. Fädelt nun wie in Schritt 5 das Garn ein, verknotet es und stecht mit der Nadel von innen nach außen. Näht mit einem Reih- oder einem Vorstich an den Rändern des Flickens entlang, bis alle Seiten festgenäht sind. Da ihr durch mehrere Lagen Stoff nähen müsst, geht es eventuell leichter, wenn ihr die Nadel mit einem Fingerhut durch den Stoff schiebt und mit der Spitzzange herauszieht. Näht weiter, bis alle Ränder des Flickens befestigt sind.
Gut gemacht!

Projekt 3

Übergroßer Knieflicken

Manchmal ist weniger wirklich mehr. Eine einzige selbstbewusste Reparatur kann ein ganzes Kleidungsstück verjüngen. So kann man etwa mit Größenverhältnissen spielen und einen überdimensionierten Flicken auf eine liebgewonnene Jeans setzen. Was wie eine einfache Reparaturmethode erscheinen mag, ist auch eine Gelegenheit für große Designentscheidungen: Farbe, Größe, Muster, Struktur und Komposition können in einem einzigen Flicken miteinander harmonieren. Ein übergroßer Flicken verdeckt nicht nur den Riss, sondern auch den beschädigten Bereich um ihn herum, ist also eine gute Wahl, wenn eine Jeans schon stark abgenutzt ist und der Stoff im gesamtem Beinbereich auszudünnen droht. Wie bei einem großen Kunstwerk, das man sich übers Sofa hängt, weil es ein Lieblingsstück ist, kann in diesem Projekt einer eurer Lieblingsstoffreste die Hauptrolle spielen.

MATERIALIEN

- Reparaturbedürftiges Kleidungsstück
- Bügeleisen
- Maßband oder Lineal
- Stoffschere
- Stoffrest (für den Flicken)
- Steck- oder Sicherheitsnadeln
- Auswaschbarer Textilmarker
- Sashiko-Garn
- Sashiko-Nadeln
- Stickschere oder Fadenabschneider (optional)
- Fingerhut (optional)
- Spitzzange (optional)

1 Breitet das Kleidungsstück auf eurer Arbeitsfläche aus. Bügelt es, falls nötig. Messt das Loch oder den Riss aus und fügt auf allen Seiten mindestens 1,5 bis 2,5 cm hinzu. In diesem Fall geht es nicht nur um die Reparatur eines Lochs, sondern um die Verstärkung eines generell ausgedünnten Bereichs, also bemesst den Flicken großzügig. Denkt dabei daran, dass die Ränder noch zum Versäubern eingeschlagen werden.

2 Schneidet den Flicken aus dem Stoffrest entsprechend den Maßen aus Schritt 1 zurecht.

3

4

3 Schlagt die Ränder um ca. 6 mm ein und bügelt sie. Die Ecken des Flickens können je nach Wunsch abgerundet, eckig oder als Briefecke gestaltet werden.

4 Platziert den Flicken mittig über der beschädigten Stelle im Kleidungsstück. Mit Steck- oder Sicherheitsnadeln fixiert ihr ihn auf dem Stoff und heftet die eingeschlagenen Ränder fest.

5 Zeichnet euch mithilfe eines Textilmarkers und eines Lineals eine gerade Linie in etwa 3 bis 4 mm Abstand von den Rändern des Flickens vor. So erzielt ihr eine gerade Naht und erwischt außerdem die eingeschlagenen Ränder.

6 Fädelt das Garn in die Nadel, verknotet es am langen Ende und stecht mit der Nadel in einer Ecke des Flickens von innen nach außen, so dass der Knoten innen verborgen bleibt. Näht mit einem Reihstich (siehe Seite 41) an der vorgezeichneten Linie um den gesamten Flicken, bis er rundum festgenäht ist. Achtet dabei darauf, dass ihr den eingeschlagenen Rand mit festnäht. Verknotet und vernäht dann den Faden auf der Innenseite.

Damit es nicht zu anstrengend wird, könnt ihr die Nadel auch mit einem Fingerhut durch den Stoff schieben und mit der Spitzzange herausziehen. Schaut euch euer Werk an – gute Arbeit!

(Optional könnt ihr alle 5 bis 7 cm zusätzliche Stichreihen quer über die Ränder des Flickens hinweg anbringen, damit dieser besser auf dem Stoff anliegt und der Rand zusätzlich fixiert ist.)

Projekt 4

Hübsche Ellbogenflicken

Der Ellbogenflicken ist ein Klassiker: Zuerst kommt uns wahrscheinlich der »Gelehrtenflicken« aus Cord in den Sinn, doch dieser ebenso zweckmäßige wie hübsch aussehende Flicken passt einfach zu allem – von Strickjacken über Jacketts bis zu Jeansjacken. Die Bereiche unserer Kleidung von Ellbogen und Knie nutzen sich stärker ab, weil unsere Gelenke an diesen Stellen gegen die weichen Fasern des Stoffs drücken. Ellbogenflicken sehen gut aus und verstärken zugleich die gerissenen und ausgedünnten Stellen. Sie sind außerdem eine gute Verwendungsmöglichkeit für diesen ganz besonderen Stoffrest, den ihr schon so lange aufbewahrt. Für dieses Projekt habe ich Reste von Ikat-Stoff benutzt, die ich vom Nähen selbstgemachter Kissenbezüge übrighatte; ich wusste schon, dass ich eines Tages noch Verwendung für sie finden würde. Die Gelegenheit kam schließlich mit dieser Jeansbluse.

MATERIALIEN

- Reparaturbedürftiges Kleidungsstück
- Bügeleisen
- Maßband oder Lineal
- Stoffschere
- Stoffrest
- Runder Gegenstand, etwa ein Schraubdeckel
- Steck- oder Sicherheitsnadeln
- Auswaschbarer Textilmarker
- Sashiko-Garn
- Sashiko-Nadeln
- Stickschere oder Fadenabschneider (optional)
- Fingerhut (optional)

1 Breitet das Kleidungsstück auf eurer Arbeitsfläche aus. Bügelt es, falls nötig. Messt das Loch oder den Riss aus und fügt auf allen Seiten mindestens 1,5 bis 2,5 cm hinzu, so dass der Flicken sowohl das Loch als auch den ausgedünnten Stoff darum herum abdeckt und auf dem unbeschädigten Material festeren Halt findet. Ihr könnt den Flicken so groß machen, wie ihr wollt, bei sichtbaren Reparaturen mit liebgewonnenen Stoffen könnt ihr ruhig mutig sein.

2 Schneidet den Flicken aus dem Stoffrest entsprechend den Maßen aus Schritt 1 zurecht.

3

4

3 Rundet die Ecken des Flickens ab: Dazu übertragt ihr einfach die Rundung eines Schraubdeckels oder eines anderen runden Gegenstands auf den Stoff und schneidet dann den Flicken entsprechend zu.

4 Schlagt die Ränder um ca. 6 mm ein und bügelt sie. Achtet beim Einschlagen der Ecken darauf, dass keine Wülste entstehen, sondern der Stoff flach liegt.

5 Zieht das Kleidungsstück an und markiert die Mitte eures Ellbogens am Ärmel mit einer Sicherheitsnadel oder einem Textilstift. Lasst euch dabei von jemandem helfen oder benutzt einen Spiegel. So stellt ihr sicher, dass der Flicken später auch wirklich auf eurem Ellbogen sitzt. Ich musste auf die harte Tour lernen, dass die Mitte des Ärmels nicht automatisch die richtige Stelle für den Ellbogenflicken ist. Kennt ihr die alte Regel »zweimal messen, einmal schneiden«? Sie gilt auch bei diesem Projekt: Doppelte Kontrolle erspart Auftrennen und Neumachen. Später werdet ihr froh darüber sein.

6 Platziert den Flicken mittig auf der beschädigten Stelle. Fixiert ihn mit Steck- oder Sicherheitsnadeln auf dem Stoff und heftet die eingeschlagenen Ränder fest. Fädelt das Garn in die Nadel, verknotet es am langen Ende und stecht mit der Nadel an einer Ecke des Flickens von innen nach außen, so dass der Knoten innen verborgen bleibt. Näht mit einem Reihstich im Abstand von wenigen Millimetern vom Rand einmal um den Flicken, bis er rundum befestigt ist. Achtet darauf, dass ihr alle eingeschlagenen Ecken erwischt habt, bevor ihr den Faden vernäht. Viel Spaß mit euren stylischen Ellbogenflicken!

EIGENE STOFFE BEDRUCKEN

»Ich habe zwölf Jahre lang eine Schuluniform tragen müssen, deshalb ist es für mich nicht selbstverständlich, dass ich jeden Tag selbst entscheiden kann, was ich anziehen möchte. Und ich habe Glück — als Künstlerin, die von zu Hause aus arbeitet, kann ich mich normalerweise kleiden, wie ich will. Vor ein paar Jahren fing es an, dass die Kleider in den Kaufhäusern und Boutiquen mir nicht mehr gefielen oder ich sie mir nicht leisten konnte, und so begann ich, mir meine Kleidung selbst zu nähen. Als ich einige Jahre später keine gemusterten Stoffe fand, die mir zusagten, machte ich von meinen Drucktechnik-Kenntnissen Gebrauch und fing an, Stoffe selbst zu bedrucken.

Auf diese Weise Kleidung zu erschaffen, ist für mich mit vielen Überlegungen verbunden. Vorbei sind die Zeiten, in denen ich einfach in einen Laden springen und irgendetwas kaufen konnte, um eine Lücke in meiner Garderobe zu füllen. Wegen des Zeitaufwands, den mich die Herstellung eines einzigen Kleidungsstücks kostet, muss ich genau überlegen, ob dieses Teil wirklich die Zeit und Mühe wert ist und ob es zur Vielseitigkeit meiner Garderobe beiträgt. Ja, ich besitze heute weit weniger Teile als früher, doch dafür ist mein Schrank voller Stücke, die ich liebe. Viele davon sind aus Stoffen genäht, die ich selbst bedruckt habe, und sie sind so geschnitten, dass sie mir passen und stehen.«

JEN HEWETT
Grafikkünstlerin und Textilgestalterin

Projekt 5

Übergroßer Flicken als Tasche an einem Kleid

Manchmal birgt ein unglücklicher Fleck oder Riss eine ungeahnte Chance. Diese Tunika hatte zwei kleine Löcher genau in der Mitte, und zwei einzelne Flicken hätten hier ziemlich albern ausgesehen. Ich fand stattdessen eine Möglichkeit, mit Proportionen zu spielen und ein großes Stoffstück so aufzusetzen, dass es gleichzeitig als Tasche dient. Zuerst unterfütterte und stopfte ich das größere Loch mit passendem Garn, dann setzte ich einen großen Flicken auf, der bis zur Seitennaht des Kleides reicht und das reparierte Loch verdeckt. Dank dieser einfache Tasche kann ich die Tunika nun auch als Arbeitskittel tragen. Ein mit Indigo gefärbtes Stück Leinen bildet das optische Zentrum dieses neu erfundenen Kleidungsstücks.

MATERIALIEN

- Reparaturbedürftiges Kleidungsstück
- Bügeleisen
- Maßband oder Lineal
- Stoffschere
- Zwei Flicken: einen kleinen und einen großen für die Tasche
- Steck- oder Sicherheitsnadeln
- Auswaschbarer Textilmarker oder Schneiderkreide
- Sashiko-Garn
- Sashiko-Nadeln
- Stickschere oder Fadenabschneider (optional)
- Fingerhut (optional)

1

2

1 Breitet das Kleidungsstück auf eurer Arbeitsfläche aus. Bügelt es, falls nötig. Messt das Loch oder den Riss aus und fügt auf allen Seiten 1,5 bis 2,5 cm hinzu. Denkt daran, dass die Ränder zum Versäubern noch einmal eingeschlagen werden. Dieser erste Flicken kommt unter das Loch, um die Reparatur zu verstärken.

2 Schneidet den Flicken aus dem Stoffrest entsprechend den Maßen aus Schritt 1 zurecht. Schlagt die Ränder ca. 6 mm ein und bügelt sie. (In diesem Projekt wird mit Leinenstoff gearbeitet, der leicht ausfranst, deshalb ist es ratsam, die Ränder zu versäubern).

3 Steckt den Flicken von innen unter dem Loch fest und zeichnet gegebenenfalls seine Umrisse von außen mit einem Textilstift nach.

4 Näht den Flicken mit einem Reihstich (siehe Seite 41) fest. Bleibt dabei innerhalb der markierten Linie, damit die Stiche gerade werden und ihr die eingeschlagenen Ränder mit festnäht.

5

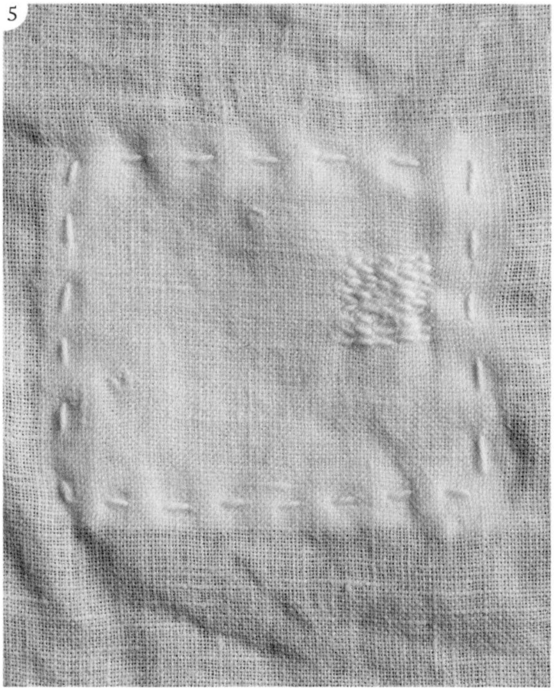

6

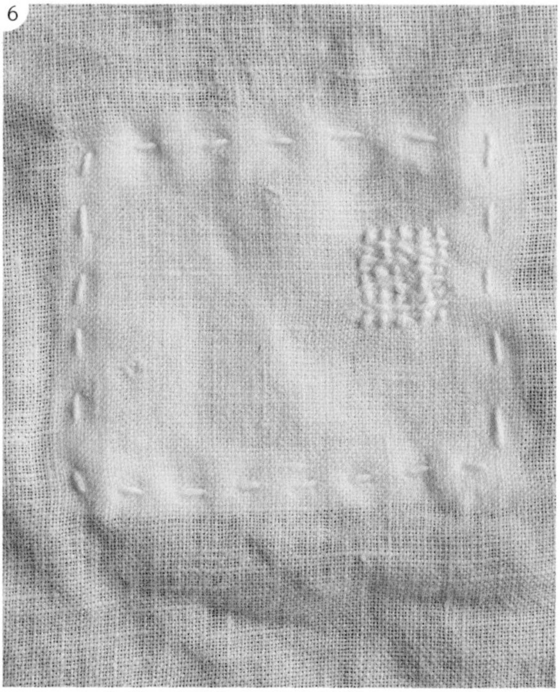

5 Näht als nächstes mit mehreren Stichen in horizontalen Linien über das Loch. Aus ihnen entsteht, zusammen mit den Längsstichen, die in Schritt 6 folgen, ein neues Gewebe. Die Größe und das Gewebe des darunterliegenden Flickens bestimmen darüber, ob dafür ein Vorstich, ein Reihstich oder beides verwendet wird. Bei locker gewebten Stoffen wie Leinen eignet sich möglicherweise ein schneller Reihstich, während ein festerer Stoff wie Jeans vielleicht eher nach präzise gesetzten Vorstichen verlangt, damit die Reparatur nicht zu dick aufträgt.

6 Näht nun die entsprechenden Längsstiche, indem ihr das Garn mit den Querfäden aus Schritt 5 verwebt. Es ist nicht schlimm, wenn euer Gewebe nicht perfekt ist – der Flicken hinter der Reparatur sorgt für Festigkeit, und auch unperfektes Stopfen ist schön.

7

8

7 Ermittelt die Mitte eures Kleidungsstücks. Messt von dort über die gestopfte Stelle bis zur Seitennaht. Fügt 2,5 cm zur Breite und 4 cm zur Höhe der gewünschten Größe eures Taschenflickens hinzu (und weniger, wenn ihr lieber einen kleineren Flicken bzw. eine kleinere Tasche aufsetzen möchtet).

8 Schneidet den Flicken entsprechend den Maßen aus Schritt 7 zu.

9

10

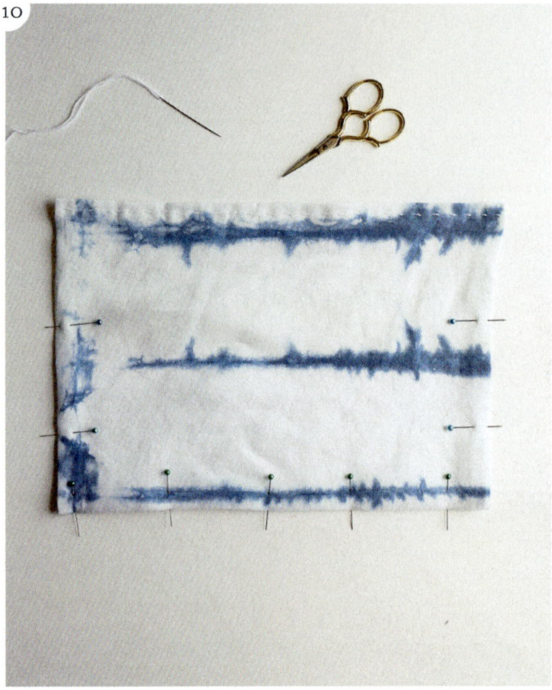

9 Schlagt die Ränder ringsherum ca. 1,5 cm ein und bügelt sie. Schlagt für den Tascheneingriff die obere Kante ein zweites Mal um ca. 1,5 cm ein. Steckt alle gebügelten Kanten mit Stecknadeln fest.

10 Mit einem Reihstich näht ihr zunächst nur den eingeschlagenen oberen Rand (Saum) entlang.

11

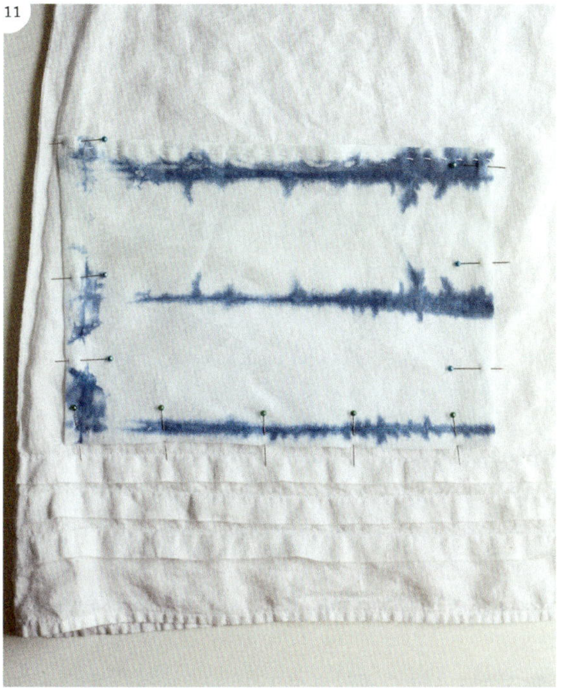

12

11 Steckt nun die Tasche auf das Kleid. Überprüft das Ganze vor dem Spiegel, um sicherzugehen, dass euch die Position gefällt, bevor ihr alles festnäht. Falls nötig, verschiebt den Flicken noch einmal.

12 Zeichnet mithilfe eines Lineals und eines Textilstifts eure Naht etwa 5 mm vom Rand des Flickens vor. Näht mit einem Reihstich die beiden Seiten und den unteren Rand der Tasche fest. Viel Spaß mit eurer reparierten Tunika, die sich nun in einen Arbeitskittel verwandelt hat!

ANSICHTEN ZU ACHTSAMEN REPARATUREN

Die größte Chance der Slow Fashion liegt in der Achtsamkeit. Sie bietet uns die Möglichkeit, mehr über uns und unsere Kaufgewohnheiten zu erfahren, bewusster zu entscheiden, was wir warum kaufen, und wie wir Kleidung aussuchen, die wir viele Jahre lang gerne tragen werden. Dabei können echte Wunder geschehen.

Wenn ihr Impulskäufen widersteht oder sogar für eine Weile den Kauf neuer Kleidung ganz einstellt, habt ihr Zeit, innezuhalten. Zu beobachten. Alles auf Null zu stellen. Einmal tief Luft zu holen. Von dieser Position des Fastens oder Pausierens könnt ihr euch über eure Gewohnheiten klar werden, die euch zum gedankenlosen Shoppen verleiten oder dazu, Kleider zu kaufen, die ihr nicht wirklich liebt. Dann könnt ihr dazu übergehen, Marken zu unterstützen, die ihr schätzt, und Kleidung zu kaufen, die euch etwas bedeutet. Vielleicht stellt ihr fest, dass ihr so viele Klamotten in eurem Schrank habt, dass sie noch viele Jahre reichen werden, und ihr nichts Neues braucht. Doch vielleicht stoßt ihr auch auf etwas tiefer Liegendes, etwa dass ihr versucht, euren Körper zu verstecken oder es für euer Selbstbewusstsein wichtig ist, neue Kleider zu kaufen. Natürlich haben wir das alle schon versucht. Versteht mich nicht falsch — Mode soll Freude machen, doch sie soll auch erfüllend, bedeutsam und von Dauer sein.

Die Verschiebung hin zur Achtsamkeit ist eine radikale Zurückeroberung der Mode als eine Form der Selbstsorge — und damit meine ich nicht Shoppen, sondern Selbsterkenntnis. Die meisten Frauen haben es satt, dass die Modeindustrie ihnen vorschreibt, wie sie aussehen, was sie anziehen, was sie essen oder nicht essen sollen, wie sie ihre Körper verstecken, entblößen, betonen oder sonst wie zum Schweigen bringen sollen. Fast Fashion lebt von unserem Frustshoppen, von schnelllebigen Trends und davon, dass wir unsere Käufe bald wieder ausrangieren. Mit Mitte dreißig war mir klar: Mit allen aktuellen Trends mithalten zu wollen ist kraftraubend. Mit vierzig war ich erleichtert: Endlich musste ich nicht mehr hip sein. Ich fing also an, darauf zu achten, welche Stücke ich immer zuerst aus dem Schrank nahm — schlichte, locker geschnittene Kleidung — und welche ich solange wie möglich vom Schmutzwäschekorb fernzuhalten versuchte — Jeans und meine Lieblingsblusen. Mit diesem Wissen konnte ich meine Konsumgewohnheiten so verändern, dass sie zu meinem persönlichen Stil passten, und Kleider kaufen oder selbst herstellen, die ich mochte. In diesem einfachen Wissen liegt ein großes Heilungspotential. Es zum Ausdruck zu bringen, kann ein radikaler, ja sogar revolutionärer Akt sein.

Ich versuche immer, mich und meine Kursteilnehmer:innen daran zu erinnern, dass es nicht darum geht, den Schrank voller perfekter Kleider zu haben, sondern darum, Achtsamkeit zu kultivieren, ein Verständnis der eigenen Vorlieben und des eigenen Stils zu entwickeln, bewusste Entscheidungen zu treffen und sich darauf zu konzentrieren, wie man Veränderungen zum Guten bewirken kann. Doch es geht auch darum, zu verstehen, wie Kleidung entsteht, woher die Fasern stammen, aus welchen Materialzusammensetzungen die Stoffe bestehen und unter welchen Bedingungen die Modefirmen arbeiten, deren Kleidung wir einkaufen. Während meiner Recherche zu nachhaltiger Mode stellte ich fest, dass ein großer Teil meiner Garderobe aus synthetischen Materialien bestand. Warum achtete ich bei meinem Gemüse darauf, dass es frei von Giften ist, doch trug Blusen aus Polyester? Als ich mich darauf einließ, nur noch Kleidung und Stoffe aus biologisch abbaubaren Materialien zu kaufen, lernte ich bald, bestimmte Fasern anhand ihrer Optik und Haptik zu identifizieren. So hat etwa Seide eine ganz bestimme Griffigkeit, die sie von synthetischen Stoffen wie Polyester unterscheidet.

Mithilfe von achtsamen Reparaturen eroberte ich mir nicht nur die Deutungshoheit über meine Garderobe von der Fast-Fashion-Industrie zurück und verbesserte meine Näh- und Reparaturfertigkeiten, sondern ich entwickelte auch eine neue Beziehung zur Mode. Ich heilte den Teil von mir, der sich an die Schnelllebigkeit des Modekarussells gewöhnt hatte, die nie zu meinen umweltbewussten Ansprüchen gepasst hatte.

Doch wenn mein Schrank vor billig hergestellter Kleidung überquoll, konnte ich diese doch einfach spenden und durch neue Klamotten aus dem Ausverkauf ersetzen, oder? Leider nicht. Die meiste Kleidung, die wir spenden, wird gesammelt und nach Übersee verschifft. Dort wartet sie in irgendeinem Lagerhaus darauf, dass sie bestenfalls recycelt und zu neuen Fasern verarbeitet wird; schlimmstenfalls landet sie direkt im Müll. Es herrscht das Prinzip von Angebot und Nachfrage: Und es gibt einfach nicht genug Nachfrage nach all unseren abgelegten Kleidern. Wir werfen schlicht zu viel weg. Und wir kaufen zu wenig gebrauchte Kleidung.

Ich lernte, den gesamten Lebenszyklus eines Kleidungsstücks besser nachzuvollziehen: vom Feld oder von der Weide über das Weben, Färben und Nähen, vom Laden in meinen Schrank und von dort aus weiter in das Leben danach. Bei jedem Schritt erfuhr ich etwas Neues. Ich lernte zu akzeptieren, dass meine Kleidung irgendwann kaputtgeht, und wie ich mich ihrer Reparatur und Erneuerung widmen kann. Während ich mich in Achtsamkeit übte, engagierte ich mich auch politisch und vertiefte meine Beziehung zur Ästhetik des Imperfekten — immer auf der Suche nach neuen kreativen Herausforderungen beim Flicken, Nähen, Färben mit natürlichen Farbstoffen oder bei der Umgestaltung bestehender Kleidungsstücke.

Bei dieser Form der Achtsamkeit geht es letzten Endes um Heilung. Heilung dessen, was wir durch die Fast-Fashion-Industrie zerstört glaubten, doch auch unserer eigenen Erfahrungen mit Kleidung, von den Verletzungen durch verunsichernde Körperbilder, von geringem Selbstbewusstsein und dem daraus resultierenden unstillbaren Bedürfnis, irgendetwas an uns mittels unserer Kleidung zu »reparieren«. Natürlich müssen wir keineswegs »repariert« werden. Vielmehr brauchen wir Verständnis, Bezug, Erfüllung, Stärkung und Anlässe zu radikaler Freude. All dies kann ich mit achtsamen Reparaturen anstreben: indem ich meine falschen Vorstellungen überdenke, meine kaputten Jeans repariere und zugleich mein Verhältnis zur Modeindustrie heile.

NÄHABENDE

»Sonntagabends wurde bei uns zu Hause immer gestopft. Es gab Fish & Chips (eingewickelt in Zeitungspapier, damit niemand abwaschen musste), Pa spielte etwas auf der Geige oder auf dem Klavier, während wir Kinder lasen und meine Mutter stopfte. Manchmal versuchte ich mich selbst daran, ein Loch in einer Socke zu stopfen, doch da mein Können beschränkt und meine Mutter eine Perfektionistin war, endete es meist damit, dass sie frustriert meine Arbeit wieder auftrennte.

Meine Stopftechnik ist bis heute alles andere als perfekt. Dafür ist sie auffällig und stolz: große Flicken mit Blätter-Prints, die fröhlich strahlen, da ich die Stoffe, wenn ich etwas repariere, immer neu dafür färbe. Ein Eukalyptusbad verleiht dem Stoff eine neue Farbe, desinfiziert (dank der antibakteriellen Eigenschaften der Pflanze) und riecht auch noch gut. Diese Praxis verbindet mich mit dem Land, auf dem ich lebe — und macht mich sehr glücklich.«

INDIA FLINT
Prophet of Bloom

5. KAPITEL

INNEN-FLICKEN

UMGEKEHRTE REPARATUREN UND UNTERGELEGTE FLICKEN

Innenflicken stellen den Kern meines Reparaturansatzes dar. Eine Freundin nannte sie sogar einmal mein »Geheimrezept«. Da der stabilisierende Flicken von innen angebracht wird, bleibt die verschlissene oder gerissene Stelle in der Kleidung von außen sichtbar und wird durch einfache Stiche aufgewertet und verschönert. In diesem Kapitel sollen die schier endlosen Variationsmöglichkeiten beim Sichtbarmachen des Verschleißes durch Flicken und Stickstiche erkundet werden. Hier werden die grundlegenden Kenntnisse für die folgenden Kapitel vermittelt, in denen es um ›Slow Stitches‹ und um Handarbeit geht. Zugleich bietet sich die Gelegenheit, innezuhalten, um über Prozess und Design nachzudenken.

Projekt 6

Einfacher Innenflicken an einer Hosentasche

Jedes Kleidungsstück bietet seine eigenen Möglichkeiten zur Reparatur. Um herauszufinden, wie die beschädigte Stelle am besten mit Flicken und Stichen zu reparieren ist, muss man sie zunächst einmal untersuchen. Dabei erfahren wir nicht nur etwas über die Eigenschaften des Stoffs (wie Gewebetyp, Gewicht und Stärke), sondern auch darüber, wie unser Körper ein bestimmtes Kleidungsstück abnutzt. Mitunter weist die dünne Stelle bzw. der Riss eine so interessante Form auf, dass wir sie nicht mit einem Flicken abdecken wollen. In diesem Fall können wir den vermeintlichen Makel als Inspiration für unsere Reparatur verwenden.

MATERIALIEN

- Reparaturbedürftiges Kleidungsstück
- Bügeleisen (optional)
- Maßband oder Lineal
- Stoffschere
- Stoffrest
- Steck- oder Sicherheitsnadeln
- Auswaschbarer Textilmarker
- Sashiko-Garn
- Sashiko-Nadeln
- Spitzzange (optional)
- Stickschere oder Fadenabschneider (optional)
- Fingerhut (optional)

1

2

1 Breitet das Kleidungsstück auf eurer Arbeitsfläche aus. Bügelt es, falls nötig. Messt das Loch oder den Riss aus und fügt auf allen Seiten 1,5 bis 2,5 cm hinzu. Seid dabei ruhig großzügig; ein zu großer Flicken ist besser als ein zu kleiner. Er sollte sowohl die beschädigte Stelle als auch den angegriffenen Stoff darum herum abdecken und auf noch unbeschädigtem Material Halt finden.

2 Schneidet den Flicken aus dem Stoffrest entsprechend den Maßen aus Schritt 1 zu.

3

4

3 Schiebt den Flicken unter die gerissene Stelle im Kleidungsstück. In diesem Projekt wird die Reparatur einer Hosentasche gezeigt, achtet also darauf, dass der Flicken zwischen Taschenfutter und Loch liegt, damit ihr nicht aus Versehen die Tasche zunäht. (Ich musste das auf die schmerzhafte Tour lernen. Seufz.) Steckt den Flicken fest und zeichnet seine Umrisse mit einem Textilstift nach.

4 Fädelt das Garn in die Nadel, verknotet es am langen Ende und stecht mit der Nadel in einer Ecke des Flickens von innen nach außen, so dass der Knoten innen verborgen bleibt. Näht mit einem Reihstich (siehe Seite 41) den Flicken rundum fest, verknotet und vernäht dann den Faden auf der Unterseite.

5

6

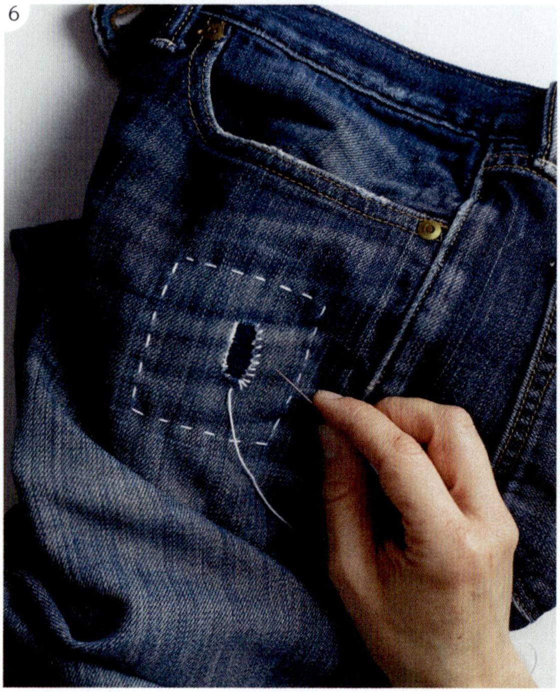

5 Schneidet Fransen und lose Fäden über und um das Loch herum ab, so dass ihr saubere Ränder erhaltet. Auch wenn ihr versucht seid, die Tragespuren zu erhalten und die Fransen über dem Loch zu belassen: Glaubt mir, das Abschneiden der Fransen ermöglicht eine saubere und robuste Reparatur, und eure Stiche werden viel besser.

6 Fädelt das Garn in die Nadel, verknotet es am langen Ende und stecht mit der Nadel am Rand des Lochs von innen nach außen, so dass der Knoten innen verborgen bleibt. Näht mit einem Überwendlingsstich (siehe Seite 42) um das Loch herum. Falls noch Schnittkanten an den Rändern des Lochs zu sehen sind, könnt ihr eine zweite Runde Überwendlingsstiche ergänzen.

Idealerweise liegen eure Stiche 1,5 bis 3 mm auseinander, so dass das Loch vollständig festgenäht und versäubert ist. Jetzt schaut euch das an! Ihr habt eine postmoderne Reparatur vollbracht!

Projekt 7

Innenliegender Knieflicken

Bei jedem Kleidungsstück stehen uns verschiedene Designoptionen zur Auswahl: Wir können Stoffflicken und Garn in kontrastierenden Farben wählen, die Ausrichtung von Flicken und Nähten variieren, die Proportion des Flickens im Verhältnis zum Kleidungsstück entscheiden, die Wertigkeit des Flickens und so weiter. Doch wir können uns auch auf den Riss selbst konzentrieren und uns bei der Reparatur von seiner Form leiten lassen. Halten wir die Außennähte des Flickens sehr schlicht – befestigen wir seine Ränder auf dem Stoff des Kleidungsstücks etwa mit einfachen Reihstichen –, so lassen wir die Stiche um den Riss herum richtig zur Geltung kommen. Indem wir die Ränder des Lochs umnähen, kommt der kontrastierende Flicken darunter zum Vorschein. So verbindet sich ein minimalistisches Design mit einer interessanten Optik. Diese einfache Reparatur gehört zu meinen Favoriten.

MATERIALIEN

- Reparaturbedürftiges Kleidungsstück
- Bügeleisen (optional)
- Maßband oder Lineal
- Stoffschere
- Stoffrest
- Steck- oder Sicherheitsnadeln
- Auswaschbarer Textilmarker
- Sashiko-Garn
- Sashiko-Nadeln
- Spitzzange (optional)
- Stickschere oder Fadenabschneider (optional)
- Fingerhut (optional)

1

2

1 Breitet das Kleidungsstück auf eurer Arbeitsfläche aus. Bügelt es, falls nötig. Messt das Loch oder den Riss aus und fügt auf allen Seiten 1,5 bis 2,5 cm hinzu. Bemesst den Flicken ruhig etwas großzügiger: So deckt er sowohl das Loch als auch den verschlissenen Stoff darum herum ab und findet auf dem unbeschädigten Material festeren Halt.

2 Schneidet den Flicken aus dem Stoffrest entsprechend den Maßen aus Schritt 1 zu.

3 Schiebt den Flicken unter die gerissene Stelle im Kleidungsstück. In diesem Projekt wird die Reparatur eines Lochs im Knie gezeigt, der Flicken wird also in das Hosenbein geschoben. Steckt den Flicken nur auf der Vorderseite des Hosenbeins mit Sicherheits- oder Stecknadeln fest, damit ihr nicht aus Versehen das Bein zunäht (schließlich wollt ihr die Hose ja danach noch anziehen) und zeichnet seine Umrisse mit einem Textilstift nach.

4 Fädelt das Garn in die Nadel, verknotet es am langen Ende und stecht mit der Nadel an einer Ecke des Flickens von innen nach außen, so dass der Knoten innen verborgen bleibt. Näht mit einem Reihstich (siehe Seite 41) den Flicken rundherum fest, verknotet und vernäht dann den Faden auf der Unterseite.

5

6

5 Schneidet Fransen und lose Fäden über und um das Loch herum ab. So erhaltet ihr bessere Ränder für die folgende Versäuberung. Faltet die getrimmten Ränder des Lochs etwas nach innen um und fixiert sie mit Stecknadeln.

6 Fädelt das Garn in die Nadel, verknotet es am langen Ende und stecht mit der Nadel etwa 5 mm vom Rand des Lochs von innen nach außen, so dass der Knoten innen verborgen bleibt. Näht dann mit einem Reihstich (siehe Seite 41) einmal um das gesamte Loch herum. Die Reihstiche versäubern den Rand des Lochs, verbergen eventuelle fransige Kanten und ermöglichen eine ordentliche, minimalistische Reparatur.

Projekt 8

Hübscher Innenflicken an einer Jacke

Schon seit Jahren wollte ich eine klassische Arbeitsjacke reparieren. Vintage-Kleidung hat ja generell einen nostalgischen Wert, bei Jeansjacken trifft nostalgisches Design auch auf ebensolches Material. Falls ein Stück früher bereits repariert wurde, ist es ratsam, die alten Flicken oder Nähte auf- bzw. abzutrennen, um an die ursprünglichen Beschädigungen zu gelangen. In diesem Fall wurde bei einer früheren Reparatur die abgerissene Tasche einfach wieder angenäht, ohne den tragenden Stoff mit einem Flicken zu verstärken oder das durch Ausfransen und weiteres Ausreißen verlorengegangene Material zu ersetzen. Um die verschiedenen Abnutzungen hervorzuheben, habe ich mich für einen robusten Jeansflicken und sichtbare Nähte entschieden. Die Jacke musste an beinahe einem Dutzend Stellen repariert werden. Damit die auffälligen Reparaturen zueinander in Bezug stehen, habe ich mich bei der Farbauswahl auf Blau und Weiß beschränkt und nur gestreifte Jeansstoffe als Flicken verwendet.

MATERIALIEN

- Reparaturbedürftiges Kleidungsstück
- Bügeleisen (optional)
- Stoffschere
- Maßband oder Lineal
- Zackenschere
- Stoffrest
- Steck- oder Sicherheitsnadeln
- Auswaschbarer Textilmarker oder Schneiderkreide
- Sashiko-Garn
- Sashiko-Nadeln
- Spitzzange (optional)
- Stickschere oder Fadenabschneider (optional)
- Fingerhut (optional)

1 Breitet das Kleidungsstück auf eurer Arbeitsfläche aus. Bügelt es, falls nötig. Schneidet die Fransen und lose Stoffreste ab. Messt das Loch oder den Riss aus und fügt auf allen Seiten 1,5 bis 2,5 cm hinzu.

2 Schneidet den Flicken aus dem Stoffrest entsprechend den Maßen aus Schritt 1 zu. Ihr könnt dabei gerne besondere Stoffreste aus eurem Fundus verwenden. Es ist wichtig, dass ihr für eure Arbeiten immer die besten Materialien verwendet – einerseits um das Kleidungsstück emotional und materiell aufzuwerten, andererseits aber auch, damit die Reparatur nachhaltig ist.

3 Schiebt den Flicken unter die gerissene Stelle im Kleidungsstück. In diesem Projekt wird die Reparatur eines Lochs an der Jackentasche gezeigt, der Flicken kommt also unter die gesamte beschädigte Stelle. Steckt den Flicken fest und zeichnet seine Umrisse mit einem Textilstift nach.

4 Schlagt die Ränder des Lochs nach innen ein und fixiert sie mit Stecknadeln, so dass eine schöne Kante entsteht. Ihr könnt dabei die Form des Risses verändern, ihn etwa zu einem Kreis oder einem Oval umgestalten, oder ihn einfach in seiner ungewöhnlichen, abstrakten Form belassen.

5 Fädelt das Garn in die Nadel, verknotet es am langen Ende und stecht mit der Nadel etwa 5 mm vom Rand des Lochs von innen nach außen, so dass der Knoten innen verborgen bleibt. Näht dann mit einem Überwendlingsstich (siehe Seite 42) einmal um das Loch herum, bis die gesamte Form versäubert ist. Verknotet und vernäht anschließend den Faden auf der Unterseite. Mit dieser Technik schafft ihr einen schönen Rand ohne ausgefranste Stellen. Ihr erhaltet eine hübsche und minimalistische Reparatur.

6 Zeichnet nun die Außenkanten des Flickens mithilfe eines Lineals und eines Textilstifts nach. Ihr könnt die Form des Flickens beibehalten oder den Umriss nach euren Wünschen umgestalten. Stecht von innen nach außen mit der Nadel 5 bis 10 mm innerhalb des Flickenrands bzw. der Markierung ein und näht ihn mit einem Reihstich (siehe Seite 41) fest. Näht gegebenenfalls auch die Ecke der Tasche auf dem Flicken fest und verstärkt die Außennaht. Ich habe an der Ecke einige rote Stiche hinzugefügt und Ton in Ton auch einige Stiche entlang der Taschenkante ergänzt, um den Flicken an weiteren Punkten zu fixieren. Achtet immer darauf, dass ihr nicht aus Versehen die Tasche zunäht. Ups!

SLOW FASHION VERINNERLICHEN

»Slow Fashion hat viele Facetten: von der Herstellung eigener Kleidung, der Reparatur von Beschädigtem, über die Jagd nach Vintage-Schätzen bis hin zur Reduzierung des Konsums. In all ihren Facetten ist Slow Fashion tatsächlich vor allem eines: langsam. Sie zwingt uns, darüber nachzudenken, was wir wirklich wollen, brauchen oder woran wir uns erfreuen können. Es ist nicht leicht, aus dem Modekarussell der Fast Fashion auszusteigen — alte Gewohnheiten gibt man nicht so leicht auf —, doch ich habe festgestellt, dass der Wandel in meinem Denken — langsam und schrittweise, immer ein Kleidungsstück nach dem anderen — mich mit einer Garderobe belohnt, die für mich wirklich funktioniert, statt der nur allzu bekannten Erfahrung, einen Haufen Klamotten, aber doch nichts zum Anziehen zu haben.

Nach fünf Jahren Slow Fashion habe ich so wenig Kleider wie vielleicht noch nie, doch es sind alles Teile, die ich mag — viele von ihnen habe ich selbst hergestellt! —, die zu mir und meinem Lebensstil passen und die mir eine erstaunliche Fülle an Möglichkeiten bieten. Und wenn man seine Kleider so gerne hat, hat man es auch nicht eilig, sie zu ersetzen.«

KAREN TEMPLER
Fringe Association

Projekt 9

Fast unsichtbarer Knieflicken

Leinen liebe ich aus verschiedenen Gründen: Seine Herstellung braucht nur einen Bruchteil der Bewässerung und Pestizide, die für einige andere Stoffe, etwa konventionelle Baumwolle, nötig sind; es ist leicht, aber robust, es fällt schön, trägt sich angenehm in feucht-heißen Sommern, ist vollständig biologisch abbaubar und damit ein Kandidat für natürliche Farbstoffe.

Als ich diese Hose mit ihren weiten Beinen und ihrem elastischem Bund fand, hatte sie ein kleines Loch am Knie. Das wollte ich unauffällig reparieren, damit die Aufmerksamkeit nicht vom Stoff und dem schlichten Schnitt der Hose abgelenkt wird. Dafür setzte ich zwei Flicken ein: Zunächst einen von innen, der das Loch repariert, und dann einen von außen, der die erste Reparatur verdeckt. Ich habe nur schwarzen Stoff und schwarzes Garn verwendet, möglichst wenig Stiche gesetzt und die Breite des Flickens der des Hosenbeins angepasst, um das ursprüngliche Design zu würdigen.

MATERIALIEN

- Reparaturbedürftiges Kleidungsstück
- Bügeleisen
- Stoffschere
- Maßband oder Lineal
- Stoffrest
- Steck- oder Sicherheitsnadeln
- Auswaschbarer Textilmarker oder Schneiderkreide
- Sashiko-Garn
- Sashiko-Nadeln
- Spitzzange (optional)
- Stickschere oder Fadenabschneider (optional)
- Fingerhut (optional)

1

2

1 Breitet das Kleidungsstück auf eurer Arbeitsfläche aus. Bügelt es, falls nötig. Schneidet alle Fransen und losen Stoffreste ab. Messt das Loch oder den Riss aus und fügt auf allen Seiten 1,5 bis 2,5 cm hinzu. Denkt bei der Bemessung des Flickens auch daran, dass die Ränder noch zum Versäubern eingeschlagen werden müssen.

2 Schneidet den Flicken aus dem Stoffrest entsprechend den Maßen aus Schritt 1 zu. Schlagt die Ränder 5 mm ein und bügelt sie, um sie später zu versäubern.

3 Schiebt den Flicken unter die gerissene Stelle im Kleidungsstück, heftet ihn fest und zeichnet seine Umrisse mit einem Textilstift nach.

TIPP: *Leinen franst leicht aus, deswegen ist es zwingend notwendig, die Ränder zu versäubern. Bei einem dichtgewebten Stoff wie Jeans könnt ihr die Ränder mit einer Zackenschere gegen Ausfransen sichern, doch bei Leinen solltet ihr die Kanten immer umnähen. Leinen ist sehr leicht, deshalb müsst ihr nicht befürchten, dass der eingeschlagene Stoff zu dick aufträgt, wie es etwa bei Jeans passieren kann.*

3

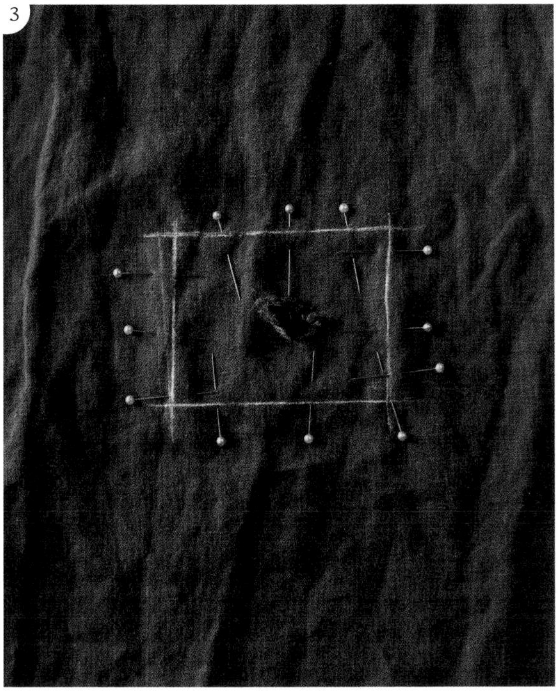

4

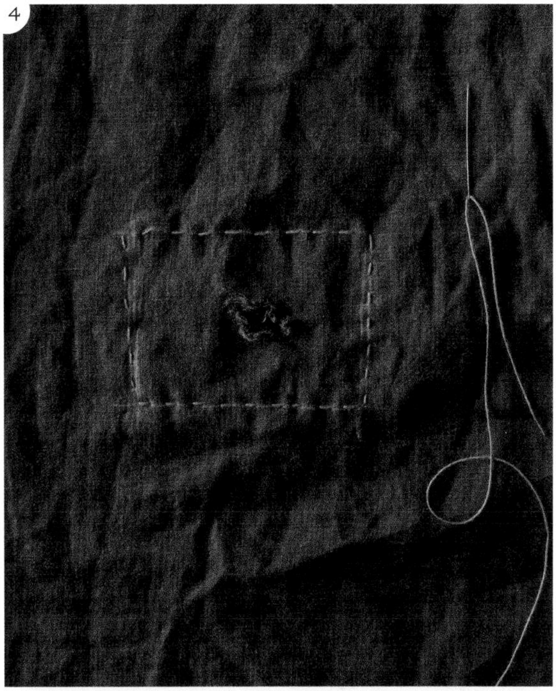

5

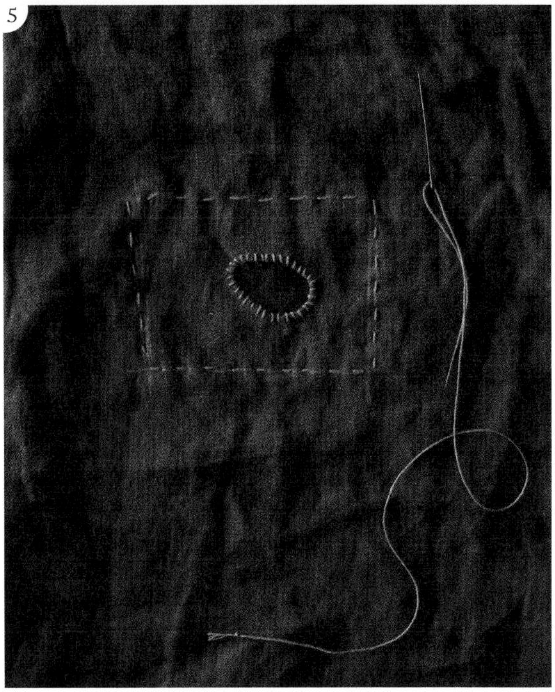

4 Näht mit einem Reihstich (siehe Seite 41) die Ränder des Flickens fest. Überprüft auf der Innenseite, ob ihr die eingeschlagenen Ränder durchgehend erwischt habt (zur Verdeutlichung habe ich hier für die Fotos kontrastierendes Garn verwendet).

5 Schlagt die Ränder des Lochs nach innen ein und steckt sie fest. Mit einem einfachen Überwendlingsstich (siehe Seite 42) näht ihr die Ränder fest. Vernäht dann den Faden auf der Innenseite.

6

7

6 Nachdem das Loch repariert ist, messt ihr die gewünschte Größe des Außenflickens aus, der die reparierte Stelle verdecken soll. Ich habe mich für einen Flicken von der Breite des Hosenbeins entschieden, der von Seitennaht zu Seitennaht reicht. Fügt auf allen Seiten 5 bis 10 mm als Nahtzugabe hinzu, um die Ränder versäubern zu können.

7 Schlagt die Ränder des Außenflickens ein und bügelt den Flicken. Steckt ihn auf dem Kleidungsstück fest und achtet dabei darauf, dass er die reparierte Stelle vollständig verdeckt. Näht die Ränder des Flickens mit farblich passendem Garn und mit einem Reihstich rundum fest. Setzt, falls nötig oder gewünscht, weitere Längs- und Quernähte.

Ich setze normalerweise mindestens alle 5 cm eine Stichreihe, damit der Flicken später nicht durchhängt oder absteht. Bei diesem Entwurf habe ich nur einige wenige horizontale Nähte in passender Garnfarbe angebracht, wobei immer zwei parallele Linien gemeinsam auftreten.

»Ein ›Fibershed‹ funktioniert analog zu regionalen Wasser- oder Nahrungsmittelläufen als ein strategischer geografischer Raum, der den Menschen mit elementarem Schutz, nämlich mit Kleidung versorgt. Analog zur Gewinnung, Aufbereitung und Verteilung von Wasser in einem Wassereinzugsgebiet oder der Produktion, Verarbeitung und dem Verkauf von Nahrungsmitteln innerhalb einer bestimmten Region, widmet sich ›Fibershed‹ der Herstellung von Fasern und Kleidung, jeweils unter Berücksichtigung der regionalen, natürlichen Gegebenheiten und Beziehungen.

Wenn wir die unmittelbare Landschaft als Grundlage einer Textilkultur betrachten, erkennen wir, dass selbst in Gegenden mit schroffen Umweltbedingungen eine große biologische Vielfalt herrscht. In den trockensten Ökosystemen — etwa in einigen Regionen im Südwesten der USA, in denen weniger als ein Viertelmeter Regen im Jahr fällt — produzieren die Pflanzen, die dort gedeihen, strahlende und intensive natürliche Farbstoffe. In meiner heißen und trockenen Heimatregion wächst die feinste und weichste Wolle auf den Rücken von Schafen aller Rassen. Wenn wir in unserer Umgebung nach Materialien suchen, mit denen wir uns kleiden können, treten wir unmittelbar in Beziehung zu Pflanzen, Jahreszeiten, Niederschlagszyklen und all den geografischen Gegebenheiten unserer Heimat. Diese Beziehungen vertiefen unser Verständnis der Natur und davon, wie der Mensch in das Ökosystem der Erde ›passt‹.«

REBECCA BURGESS
Fibershed

REPARATUR ALS KREATIVE CHANCE

Textilkünste sind eine gute Brille, durch die sich Kulturen in der ganzen Welt betrachten lassen. Anhand von Textilien können wir Geschichte, Landwirtschaft, Migration, Politik, Wirtschaft, Kunst, Design, Anthropologie und vieles mehr nachvollziehen. Als ich anfing, meine gerissenen Jeans zu reparieren, stieß ich auf die japanische Flick(en)kunst *Boro*. Der Name lässt sich mit »Lumpen« übersetzen, wird aber in jüngerer Zeit vor allem auf die zusammengeflickten und -genähten Kleidungsstücke der Präfektur Aomori im Norden Japans angewandt. Die Geschichte des Boro ist reich und im wahrsten Sinne des Wortes vielschichtig. Die Technik entwickelte sich aus der Notwendigkeit, noch das kleinste Stofffitzelchen zu erhalten und zu verwenden. Flicken aus Hanf- und später auch Baumwollfasern dienten dem Erhalt und der Verstärkung von Kleidung, die dadurch auch widerstandsfähiger gegen Wind, Wetter und vor allem auch gegen Kälte gemacht wurde. Die Boro-Flicken wurden durch einfache und praktische Sashiko-Stiche zusammengehalten. Während sich das moderne Boro heute zu einer präzisen und handwerklich anspruchsvollen Kunstform entwickelt hat, gingen beim traditionellen Sashiko Zweck vor Schönheit — die Flicken dienten in erster Linie der Reparatur, nicht der Dekoration.

In letzter Zeit hat der Boro-Stil weltweit Interesse erregt, etwa durch Ausstellungen in Tokio, London, Paris und New York sowie durch das Erscheinen des Buchs *Boro: Rags and Tatters from the Far North of Japan*. Als ich zum ersten Mal Bilder von Boro-Kleidern und weißen Sashiko-Stichen auf indigofarbener Baumwolle und Denim sah, war ich hingerissen. Ich bewunderte den minimalistischen Ansatz von einfarbigem Garn auf einfarbigem Stoff, das Zusammenspiel von Linienführung, Form, Proportion und Größe in Verbindung mit wunderschönem Patchwork. Die Verwendung von bedruckten blauen Flicken und von blau nach weiß variierendem Garn schafft schier unendliche Möglichkeiten. Die originalen Boro-Kleider strahlen eine prächtige und sinnliche Schönheit aus, die eine faszinierende und komplexe Geschichte am

Schnittpunkt von Design, Textilien, Landwirtschaft und Wirtschaft erzählt und davon, wie eine Ästhetik durch kunstvolle Erfindung erreicht werden kann.

Ich bin heute noch ebenso fasziniert von den Boro-Kleidern und Sashiko-Stichen wie damals, als ich mit dem Reparieren anfing. Dank dieser Inspiration begann ich mich auch dafür zu interessieren, wie in anderen Kulturen der Welt Kleidung erhalten und repariert wird. So stieß ich auf die geflickten und genähten Seidensaris aus dem indischen Kantha, die Patchwork-Technik und die Wiederverwendung von Stoffen für Bettdecken der US-amerikanischen Quilts sowie die verschiedenen Stopfmustertücher und Stopftechniken, mit denen man Strick- und Webstoffe in ganz Europa reparierte — insbesondere antike, handgesponnene und -gewebte europäische Leinen- und Hanfstoffe. Wie nicht anders zu erwarten, fand ich heraus, dass Menschen schon immer Kleidung und Haushaltswäsche repariert haben.

Irgendwann in den 1990er Jahren (oder vielleicht auch erst in den frühen 2000ern) kam die billige und modische Wegwerfkleidung auf — was natürlich auch bedeutete, dass weniger Kleidung repariert wurde und die Müllhalden sich in alarmierender Geschwindigkeit füllten. Vor der Fast Fashion wurde Kleidung repariert, weil es sinnvoll war. Bei einigen kunstvoll geflickten oder gestopften historischen Kleidungsstücken sind die Reparaturen so perfekt abgestimmt und durchgeführt, dass sie selbst für Textilhistoriker:innen kaum zu erkennen sind. Auch wenn ich selbst nicht auf diese Perfektion und Unsichtbarkeit abziele, habe ich doch die größte Wertschätzung für den hohen Grad der Kunstfertigkeit. Sie erfüllt mich mit Demut und Inspiration, ganz zu schweigen davon, dass sie wirklich umwerfend ist.

Für mich war es befreiend, als mir bewusst wurde, dass ich meine Kleidung reparieren kann, wie ich will. Ich musste nicht die steifen Bügelflicken aus meiner Jugend verwenden oder an einer unsichtbaren Reparatur scheitern. Ich konnte die Tragespuren meiner Kleidung annehmen und versuchen, durch meine Reparatur etwas eigentümlich Schönes zu erschaffen. Ich konnte mich auf wenige Farben wie Blau, Grau, Braun, Weiß und Schwarz beschränken, konnte meine Erfahrungen als Textilkünstlerin und meine Vorliebe für schlichte Designelemente beim Reparieren einsetzen und meine Reparaturen so gestalten, dass sie meiner eigenen Ästhetik entsprachen. Ich gestattete mir, nicht nur meine gerissenen Kleider zu reparieren, sondern die Reparaturen auch als Textilkunst zu betrachten — also im wahrsten Wortsinn Fashion und Funktion zu vereinen.

Seit ich 2013 mit *Make Thrift Mend* angefangen habe, ist mir aufgefallen, dass Modefasten und das Reparieren auch von Anderen zunehmend praktiziert wird — was mich sehr freut. Was ich am meisten an den verschiedenen Leuten schätze, die die Reparatur-Bewegung derzeit anführen, ist, dass alle ihre eigene Ästhetik, ihre Ausbildung, Lebenserfahrung und Handwerkskunst in ihre Arbeit einfließen lassen. Wie bei jeder anderen Form der Kreativität geht es nicht darum, eine etablierte Ästhetik oder andere Künstler:innen zu kopieren, sondern um ein Zusammenspiel von äußeren Einflüssen mit dem jeweils eigenen Stil und den eigenen Fähigkeiten. Dank dieser Praxis kann jede:r sich vom eigenen Standpunkt, den eigenen Fähigkeiten, Schwächen und Stärken leiten lassen. Je besser wir uns selbst kennen und annehmen, desto einfacher gelangen wir zu unserem persönlichen Ausdruck.

Die größte Inspiration finde ich meist in handwerklich inspirierten Kunstformen, die neue Perspektiven auf eine bekannte Herausforderung oder Tradition bieten. Ich liebe die Boro-Technik, weil sie geflickten indigofarbenen Baumwoll-, Hanf- und Jeansstoffen eine einzigartige Ästhetik verleiht — die schlichten weißen Stiche auf den blauen oder braunen Kleidern besitzen Tiefe und Schärfe, erheben aber keinen Anspruch auf Perfektion. In dieser Unvollkommenheit liegt auch eine gewisse Befreiung: Sie lässt meiner Fantasie und meiner Empfindsamkeit Raum — die Reparatur soll nicht versteckt werden, sondern sie verstärkt das Kleidungsstück durch Flicken, Zusammenfügen und -nähen. Die verschiedenen Lagen sorgen ganz konkret für Stabilität und Wärme, doch durch die Intimität ihrer Zurschaustellung — und dem Bekenntnis zu den Löchern oder Rissen — kann ich einen Bezug zu dem Kleidungsstück aufbauen. Dennoch versuche ich nicht, die traditionellen Boro- oder modernen Sashiko-Techniken in meiner Arbeit zu kopieren oder mir die Kunstfertigkeit der modernen Sashiko-Näher:innen anzumaßen, sondern ich lasse mich von diesen Einflüssen bei meiner Arbeit inspirieren und verfeinere dann die Techniken so, dass sie etwas mir Eigenes bilden.

Meine Mutter hat mir das Nähen beigebracht, als ich noch recht jung war. Gerne erinnere ich mich daran, wie ich mich neben ihrem Schaukelstuhl zusammenkuschelte, während sie die Abendstunden mit Nähen, Stricken und Quilten verbrachte. Sie hatte das Nähen von ihrer Mutter gelernt, die es wiederum von ihrer Mutter hatte. Diese traditionelle Überlieferung des Textilhandwerks ist etwas, das ich immer sehr geschätzt habe und das ich durch meine Textilkunst und meine Reparaturarbeit in Ehren halte. Durch die Weitergabe von Handwerkstechniken und Traditionen — durch Beobachtung, Anleitung, Erzählungen und Praxis — trete ich in Verbindung zu meinen Vorfahren und ihrer Arbeit mit Textilien. Ich denke an meine eigene Entwicklung von traditionellen Handwerkstechniken zu konzeptueller Textilkunst und wieder zurück zu Bekleidung und Reparatur, und wie meine Stiche mich durch verschiedene Stadien, Orte und Lebensereignisse begleitet haben.

Durch das Studium meiner Familienquilts, die Benutzung einiger von meiner Mutter geerbter Werkzeuge und die von ihr erlernten Nähtechniken habe ich das Gefühl, auch mit meiner Großmutter, Urgroßmutter und den Frauen vor ihnen verbunden zu sein. Die Überlieferung von Handwerk, Nähen und Sticken binden mich — und zwar wie mit einem buchstäblichen materiellen Faden — über die mütterliche Linie an die Vorfahren, die ich nie kannte. Durch meine Arbeit möchte ich diese Linie und die von ihnen ererbten Textilkünste würdigen, ebenso wie ich forschen, von Boro-Kleidung lernen und Inspiration in anderen Kulturen finden möchte.

Diese Spannung zwischen verschiedenen Einflüssen — mit dem weit ausschweifenden Blick für kreative Traditionen und dem sehr genauen Blick auf das Eigene — können wir mit unserer Arbeit zum Ausdruck bringen. Reisen, Recherche, institutionelles Lernen und informelle Einflüsse — all das fließt zusammen in unsere jeweils eigene, einzigartige künstlerische Perspektive. Ich schätze die internationalen und interkulturellen Einflüsse, die meine Arbeit inspirieren, ebenso wie mein eigenes persönliches Erbe, das fest in den Kleinstädten im Westen des Staats New York verwurzelt ist. Ich finde

Bezug und Gemeinschaft durch Textilien über Kulturen und Kontinente hinweg, und ich halte an dieser Verbindung und Inspiration fest, gerade in unserer immer schnelllebigeren Welt, die vielleicht Geschwindigkeit und Effizienz versprechen mag, aber die Erinnerung an jene Hände nicht ersetzen kann, die schon seit Generationen Kleidung gestopft, Quilts genäht, Wandbehänge verziert und Mützen gestrickt haben.

Ich stelle mir gerne vor, dass wir uns gleichzeitig nach außen und nach innen beziehen können, dass der Spagat zwischen den verschiedenen Einflüssen und Hommagen unserer Arbeit Relevanz und Resonanz durch die Zeiten hindurch verleiht. Ich ehre die Frauen, die die originalen Boro-Kleider genäht haben, ebenso wie Chuzaburo Tanaka, die diese gesammelt, dokumentiert und der Welt zugänglich gemacht hat — ihre Arbeit war für mich und viele andere unglaublich inspirierend. Doch ich ehre auch meine Mutter, Großmutter und Urgroßmutter für die textilen Traditionen, die sie mir überliefert haben. Das Reparieren bietet uns einen internationalen Blick auf Textilien, während sie uns gleichzeitig fester an unser eigenes Erbe und unsere Gegenwart binden. Wir sind hier, und wir entscheiden uns genau jetzt für unseren Weg hin zu mehr Selbständigkeit. Und mit dieser Entscheidung würdigen wir die Generationen, die vor uns da waren, und leiten die Generationen nach uns an.

6. KAPITEL

STICKSTICHE UND SASHIKO

EINE HOMMAGE AN »SLOW STITCHING«

ENTSCHLEUNIGTES NÄHEN

Den grundlegenden Reihstich findet man in handgemachter Volkskunst und auf Textilien weltweit, doch die Verwendung von Sashiko-Stichen im japanischen Boro ist von einer besonderen Schönheit, die mein Herz vor Aufregung höher schlagen lässt. Hier kommen neben dem Gebrauch von Sashiko-Stichen und Flicken zugleich die dem individuellen Kleidungsstück eigenen Risse, Ausfransungen und Abnutzungen zur Geltung. Jeder andere Reihstich würde ebenfalls funktionieren, und mit ausgefeilteren Stickstichen könnten schrullige Details verwirklicht werden, doch die Boro-Technik an sich ist bereits unendlich inspirierend.

Sashiko-Stiche zwingen uns zur Langsamkeit, zu bewusstem Arbeiten, und sie zeigen, was wir allein mit Nadel und Faden vollbringen können. Man braucht weder Strom noch teure Werkzeuge. Obwohl es sich bei Sashiko um einen einfachen Reihstich handelt, können damit durch Wiederholung, Linienführung und Kontraste bei der Reparatur erstaunliche Resultate erzielt werden. Wie bei einer handgequilteten Decke schätzen wir an den Sashiko-Stichen nicht ihre Schwierigkeit, sondern die Zeit, die ihre Fertigstellung kostete. In einer technischen und auf Geschwindigkeit getrimmten Welt erinnert uns der Handstich daran, dass Kontinuität, Vorsatz, Hingabe, Zeit und Übung ihren eigenen Wert besitzen.

Projekt 10

Einfache Sashiko-Reparatur am Knie

Das Flicken eines Hosenknies gehört wohl zu den häufigsten Reparaturen an Kleidungsstücken. Bei diesem Projekt können wir die Flicken und Stiche aus den vorhergehenden Kapiteln verwenden, wobei wir diesmal dem Verlauf von Stichen und den Farbkontrasten zwischen Flicken, Garn und Kleidungsstück größere Aufmerksamkeit schenken. Allein durch die Variation von Farben können zahlreiche Kombinationen entstehen. Wenn man dann noch die Nahtlinien, Proportionen und Formen berücksichtigt, sind die Möglichkeiten schier unendlich. In diesem Projekt verfolgen wir einen minimalistischen Ansatz und verwandeln das Loch in ein sauberes, einfaches Oval mit hübschen, dekorativen Stichen.

MATERIALIEN

- Reparaturbedürftiges Kleidungsstück
- Bügeleisen (optional)
- Maßband oder Lineal
- Stoffschere
- Zackenschere (optional)
- Stoffrest
- Steck- oder Sicherheitsnadeln
- Auswaschbarer Textilmarker oder Schneiderkreide
- Sashiko-Garn
- Sashiko-Nadeln
- Stickschere oder Fadenabschneider
- Fingerhut (optional)

1

2

1 Breitet das Kleidungsstück auf eurer Arbeitsfläche aus. Bügelt es, falls nötig. Schneidet Fransen und lose Stoffreste ab. Messt das Loch oder den Riss aus und fügt auf allen Seiten 1,5 bis 2,5 cm hinzu. Seid dabei ruhig großzügig: Ein zu großer Flicken ist besser als ein zu kleiner. Er sollte sowohl das Loch als auch den angegriffenen Stoff darum herum abdecken, also mindestens so groß sein, um auf noch unbeschädigtem Material Halt zu finden.

2 Schneidet den Flicken aus dem Stoffrest entsprechend den Maßen aus Schritt 1 zu.

3 Schiebt den Flicken unter die gerissene Stelle im Kleidungsstück. Steckt ihn fest und achtet dabei darauf, dass ihr nicht aus Versehen das Hosenbein verschließt (mir ist das mehr als einmal passiert). Zeichnet die Umrisse des Flickens mit einem Textilstift nach.

4 Schneidet alle Fransen um das Loch herum ab. Eure Stiche werden viel besser aussehen als der ausgefranste Stoff, außerdem könntet ihr euch sonst beim Nähen in den Fransen verheddern. Schlagt den Rand des Lochs nach innen ein und steckt ihn fest.

5 Näht mit einem Überwendlingsstich (siehe Seite 42) die Ränder des Lochs rundum auf dem Flicken fest.

6 Beginnt mit einem Reihstich (siehe Seite 41) an einem der nachgezeichneten Ränder des Flickens entlangzunähen, wobei ihr immer drei bis fünf Stiche gleichzeitig auf die Nadel nehmt. Näht bis zur Ecke des Flickens, wo ihr die Nadel in den Stoff einstecht und im rechten Winkel zur eben genähten Naht ein Stück versetzt wieder herausführt, um die nächste Naht parallel zur ersten zu setzen. So fahrt ihr weiter fort, in parallelen Linien immer hin und her zu nähen, bis ihr am gegenüberliegenden Rand angelangt seid. Dann verknotet und vernäht ihr den Faden auf der Unterseite des Stoffs. Gratuliere – eure Reparatur sieht toll aus!

»Ich repariere Jeansstoffe mit Techniken, die ich der japanischen Boro-Tradition entlehnt habe. Im vorindustriellen Japan war Stoff kostbar, und die Lebensdauer von Kleidern wurde durch wiederholtes Flicken verlängert, mitunter über mehrere Generationen hinweg. Die besten Boro-Stücke sind von einer tiefen, rauen Schönheit, natürlich, wild und komplex.

Diese Art der Reparatur konzentriert sich auf den Prozess, nicht das Ergebnis. Anstatt eine vorgefasste Vorstellung von dem fertigen Stück zu haben, lassen wir die Konturen der Beschädigung über die Reparatur entscheiden. Das Ziel ist lediglich, das Kleidungsstück zu stärken, nicht mehr. Natürlich geraten wir dabei in Versuchung, bei der Reparatur zu ›designen‹. Doch sobald wir das tun, wird es künstlich. Wenn die Arbeit hingegen ehrlich und über wiederholte Trage- und Reparaturzyklen ausgeführt wird, entwickeln die Reparaturschichten von alleine einen eigenen Zusammenhang und eine Schönheit, die nie geplant war, und doch unvermeidbar scheint: Das Kleidungsstück sieht aus wie eine ›alte Seele‹.

Dorthin zu gelangen braucht Zeit und stetige Sorgfalt, doch das Ergebnis übertrifft in jedem Fall die Arbeit, die es gekostet hat. Wir tun diese klitzekleinen Dinge — ein Flicken hier, einige Stiche dort — und was wir im Gegenzug bekommen, ist Tiefe und Schönheit. Es ist auf seine Art zauberhaft und würdevoll.«

MATT RHO
Jeans-Reparateur

Projekt 11

Kontrastreiche Sashiko-Reparatur

Die abstrakte Form eines Risses in unserer Kleidung können wir uns zu eigen machen – insbesondere wenn die Beschädigung an einer geeigneten Stelle für eine kontrastreiche Reparatur auftritt, wie etwa dem Knie einer Jeans. In diesem Projekt nutze ich das auffällige, an eine Amöbe erinnernde Loch als Teil des Designs. Anstatt das Loch zu einem sauberen Kreis oder Oval zurechtzuschneiden, belasse ich es in seiner unregelmäßigen Form und erhalte so eine ungewöhnliche und schöne Reparatur mit gleichmäßigen horizontalen Nähten. Diese Reparaturtechnik eignet sich für innere Abstraktionist:innen, die sich bei der Reparatur von der Form der Beschädigung leiten lassen wollen.

MATERIALIEN

- Reparaturbedürftiges Kleidungsstück
- Bügeleisen (optional)
- Maßband oder Lineal
- Stoffschere
- Zackenschere (optional)
- Stoffrest
- Stecknadeln oder ggf. gebogene Sicherheitsnadeln
- Auswaschbarer Textilmarker oder Schneiderkreide
- Sashiko-Garn
- Sashiko-Nadeln
- Stickschere oder Fadenabschneider
- Fingerhut (optional)

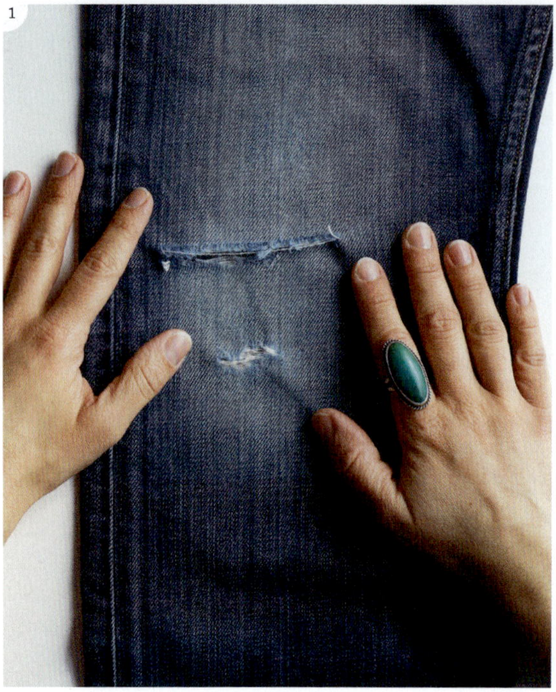

1 Breitet das Kleidungsstück auf eurer Arbeitsfläche aus. Bügelt es, falls nötig.

2 Messt das Loch oder den Riss aus und fügt auf allen Seiten 1,5 bis 2,5 cm hinzu.

3

4

3 Schneidet den Flicken aus dem Stoffrest entsprechend den Maßen aus Schritt 2 zurecht.

4 Schneidet alle Fransen um die kaputten Stellen herum ab. Eure Stiche werden viel besser aussehen als der ausgefranste Stoff, außerdem könntet ihr euch sonst beim Nähen in den Fransen verheddern.

5 Schiebt den Flicken von innen unter die gerissene Stelle im Kleidungsstück. Das Loch sollte in der Mitte des Flickens liegen und die Ränder des Flickens bis zum unbeschädigten Stoff reichen. Steckt den Flicken von außen fest (gebogene Sicherheitsnadeln sind dafür ideal).

6 Zeichnet die Umrisse des Flickens von außen mit einem Textilstift nach. So habt ihr einen Rahmen für eure Nähte und wisst, wo die Ränder des Flickens liegen.

7 Fädelt das Garn in die Nadel, verknotet es am langen Ende und stecht mit der Nadel in einer Ecke des Flickens von innen nach außen, so dass der Knoten innen verborgen bleibt. Achtet darauf, dass ihr nicht aus Versehen das Hosenbein oder den Ärmel zunäht (glaubt mir, das kommt vor!).

8 Näht mit einem Reihstich (siehe Seite 41) an einem der markierten Ränder des Flickens entlang, wobei ihr immer drei bis fünf Stiche gleichzeitig auf die Nadel nehmt. Wenn ihr am Ende der Reihe ankommt, stecht ihr die Nadel in den Stoff ein und führt sie im rechten Winkel ein Stück versetzt wieder heraus, um die nächste Reihe parallel zur ersten zu setzen. So fahrt ihr weiter fort, in parallelen Reihen immer hin und her zu nähen, bis ihr den gesamten Flicken mit den Stichen fixiert habt.

9

10

9 Wenn ihr an einen Riss oder ein Loch im Stoff kommt, näht ihr einfach weiter. So fixiert ihr den beschädigten Stoff am Flicken, ohne eure Stichreihe zu unterbrechen.

10 Wenn eure parallelen Stichreihen über den gesamten Flicken reichen, verknotet und vernäht ihr den Faden auf der Unterseite. Dann fädelt ihr einen neuen Faden ein, verknotet ihn am langen Ende und stecht mit der Nadel genau am Rand des Lochs von innen nach außen, so dass der Knoten innen verborgen bleibt. Mit einem Überwendlingsstich (siehe Seite 42) näht ihr die Ränder des Lochs auf dem Flicken fest. Dies verhindert, dass das Loch weiter ausfranst. Wenn ihr das Loch einmal ringsherum umstickt habt, verknotet und vernäht ihr den Faden auf der Unterseite des Stoffs. Bewundert stolz euer Werk.

Projekt 12

Weniger sichtbarer Sashiko am Oberschenkel

In den meisten Fällen bin ich für kontrastreiche Reparaturen. Wenn aber ein Kleidungsstück an bestimmten Stellen kaputtgeht – etwa im Schritt, am Hintern oder am Reißverschluss einer Hose – möchte ich vielleicht nicht unbedingt besondere Aufmerksamkeit auf diese Stelle lenken. Zudem eignet sich etwa formelle Kleidung nicht in gleichem Maße für eine auffällige Reparatur wie unsere lässigen Alltagsklamotten. Die weniger sichtbaren Reparaturen entsprechen eher den traditionellen Techniken, bei denen Garn, Flicken und Nähte der Reparatur möglichst passend zu denen des beschädigten Kleidungsstücks ausgewählt werden, um das Gewebe sozusagen nachzuahmen. Selbst Reparatur-Rebell:innen wie wir entscheiden sich manchmal für eine minimalere oder weniger auffällige Variante.

MATERIALIEN

- Reparaturbedürftiges Kleidungsstück
- Bügeleisen (optional)
- Maßband oder Lineal
- Stoffschere
- Zum Kleidungsstück passender Stoffrest
- Runder Gegenstand, etwa ein Schraubdeckel
- Auswaschbarer Textilmarker oder Schneiderkreide
- Zackenschere (optional)
- Steck- oder Sicherheitsnadeln
- Sashiko-Garn in passender Farbe
- Sashiko-Nadeln
- Stickschere oder Fadenabschneider
- Fingerhut (optional)

1
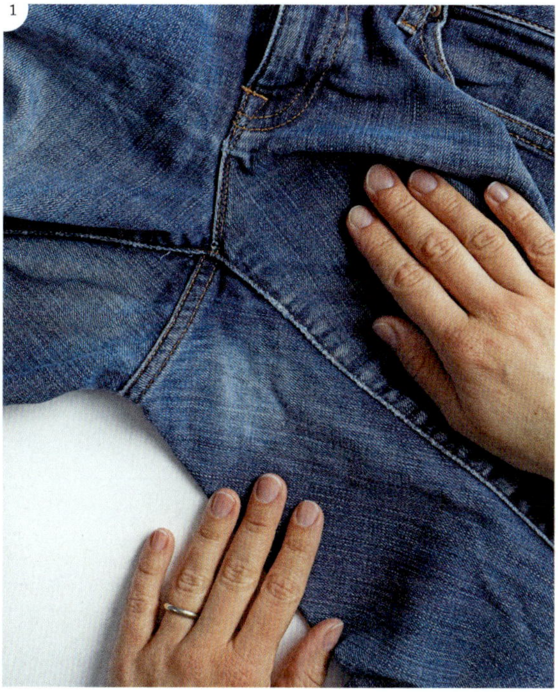

2

1 Breitet das Kleidungsstück auf eurer Arbeitsfläche aus. Bügelt es, falls nötig. Bei diesem Projekt geht es um die Reparatur einer verschlissenen Stelle im Schritt einer Jeans, beachtet also die vier Quadranten im Hosenschritt. Wenn ihr die Flicken auf diese vier Quadranten anpasst, vermeidet ihr, dass sich Wulste bilden. Stoffflicken tragen zwar für gewöhnlich etwas auf, doch normalerweise nicht so viel, dass es beim Tragen unangenehm wird. Fangt einfach an zu nähen und freundet euch mit eurem Imperfektionismus an.

2 Messt das Loch oder den Riss aus und fügt auf allen Seiten 1,5 bis 2,5 cm hinzu.

3

4

3 Schneidet den Flicken aus dem Stoffrest entsprechend den Maßen aus Schritt 2 zu und rundet seine Ecken ab. Dazu übertragt ihr die Rundung eines Schraubdeckels oder eines anderen runden Gegenstands auf den Stoff und schneidet die Ecken des Flickens entsprechend ab.

4 Schneidet ggf. alle Fransen ab. Schiebt den Flicken von innen unter die gerissene bzw. dünne Stelle im Kleidungsstück. Das Loch sollte in der Mitte des Flickens liegen und die Ränder des Flickens sollten bis zum unbeschädigten Stoff reichen. Steckt den Flicken von außen fest.

5 Überprüft noch einmal, ob Garn, Flicken und das beschädigte Kleidungsstück möglichst gut zueinander passen, oder ob sie zumindest harmonisch zusammenspielen und nicht zu viel Aufmerksamkeit auf die reparierte Stelle lenken. Bevor ihr euch die Zeit für eure sorgfältigen Stiche nehmt, stellt sicher, dass ihr auch zufrieden seid. Danach vertraut auf euer Gefühl und fahrt fort.

6 Zeichnet die Umrisse des Flickens von außen mit einem Textilstift nach. So habt ihr einen Rahmen für eure Stiche und wisst, wo die Ränder des Flickens liegen.

7

8

7 Fädelt das Garn in die Nadel, verknotet es am langen Ende und stecht mit der Nadel an einer Ecke des Flickens von innen nach außen, so dass der Knoten innen verborgen bleibt. Näht mit einem Reihstich (siehe Seite 41) an einem der markierten Ränder des Flickens entlang, wobei ihr immer drei bis fünf Stiche gleichzeitig auf die Nadel nehmt. Näht bis zum Rand des Flickens, wo ihr die Nadel in den Stoff einführt und im rechten Winkel ein Stück versetzt wieder herausführt, um die nächste Naht parallel zur ersten zu setzen. So fahrt ihr weiter fort, in parallelen Reihen immer hin und her zu nähen, bis ihr am gegenüberliegenden Rand angelangt seid.

8 Wenn ihr zum Riss oder Loch im Stoff kommt, näht einfach weiter. So heftet ihr den beschädigten Stoff am Flicken fest, ohne eure Naht zu unterbrechen. Wenn ihr mit den Reihstichen fertig seid, könnt ihr mit einem neuen Faden einige Überwendlingsstiche um das Loch herum nähen, damit seine Ränder nicht ausfransen.

9

9 Ergänzt zur zusätzlichen Verstärkung Quernähte. Diese Nahtreihen setzt ihr einfach im rechten Winkel zu den ersten parallelen Stichlinien. So stopft ihr die Stelle locker, verleiht dem Gewebe aber zusätzliche Stabilität, ohne einen allzu auffälligen Kontrast zu bilden. (Auf das Thema Stopfen werde ich im nächsten Kapitel detaillierter eingehen.) Hier bringt ihr einfach so viele Querstiche an, wie ihr möchtet. Nun habt ihr eine weniger sichtbare Reparatur durchgeführt!

TIPP: *Beim Nähen an unvorteilhaften Stellen verwende ich eher traditionelle Flicktechniken, um eine weniger sichtbare Reparatur zu erzielen. Dennoch sehen meine Handstiche nie so gleichmäßig aus wie die einer Nähmaschine, insbesondere bei maschinell gefertigten Stoffen wie Jeansstoff, deren Fadendichte ich mit meinem dicken Garn und meiner dicken Nadel niemals nachahmen kann. Farblich passender Faden und Flicken reduzieren immerhin den Kontrast der Reparatur. Doch ein noch besserer Design-Trick ist es, an einer passenden Stelle — etwa am Knie, der Hüfte, am Kragen oder der Gesäßtasche — einige Stiche in kontrastierender Farbe anzubringen, die die Blicke auf sich ziehen. Dies schafft eine Balance zwischen der reparierten Stelle und den kontrastierenden Stichen. Es ist ein alter Design-Trick: Das Auge muss auf der Leinwand stets in Bewegung bleiben.*

Projekt 13

Fast unsichtbares Sashiko für den Hosenboden

Wenn ein Kleidungsstück an einer ungünstigen Stelle wie etwa dem Hosenboden beschädigt ist, verlangt es womöglich nach einer weniger auffälligen Reparatur, die sich eher am traditionellen Stopfen orientiert und die Imperfektion verbirgt. Natürlich können wir mit unseren Händen, Nadeln und Garnen einen maschinell gewobenen Stoff niemals imitieren, doch wir können uns bemühen, die Reparatur so subtil wie möglich zu gestalten. Um den Hosenboden dieses Overalls zu reparieren, habe ich Flicken und Garn passend zum Stoff ausgewählt und dazu noch einige Stiche in der Nähe der Schulter angebracht, die das Auge von der reparierten Stelle am Po ablenken sollen. So habe ich den Stoff verstärkt, den Riss geflickt und das Kleidungsstück wieder nutzbar gemacht – und mir außerdem durch den subtilen Kontrast die Unvollkommenheit zu eigen gemacht.

MATERIALIEN

- Reparaturbedürftiges Kleidungsstück
- Bügeleisen
- Maßband oder Lineal
- Stoffschere
- Zackenschere (optional)
- Zum Kleidungsstück passender Stoffrest
- Steck- oder Sicherheitsnadeln
- Auswaschbarer Textilmarker oder Schneiderkreide
- Sashiko-Garn in passender Farbe
- Sashiko-Nadeln
- Stickschere oder Fadenabschneider
- Fingerhut (optional)

1

2

1 Breitet das Kleidungsstück auf eurer Arbeitsfläche aus. Bügelt es, falls nötig. Messt das Loch oder den Riss aus und fügt auf allen Seiten 1,5 bis 2,5 cm hinzu. Beachtet beim Bemessen des Flickens außerdem, dass ihr die Ränder zum Versäubern noch einschlagen müsst, damit dieser nicht ausfranst.

2 Wählt Flicken und Garn in Farbe, Struktur und Festigkeit so, dass diese dem Kleidungsstück möglichst ähneln. Untersucht den Fadenlauf des Stoffs und – solltet ihr nicht mit einem unifarbenen Stück arbeiten – achtet auf eventuelle Muster, da ihr vielleicht versuchen wollt, diese bei eurer Reparatur nachzubilden.

3

4

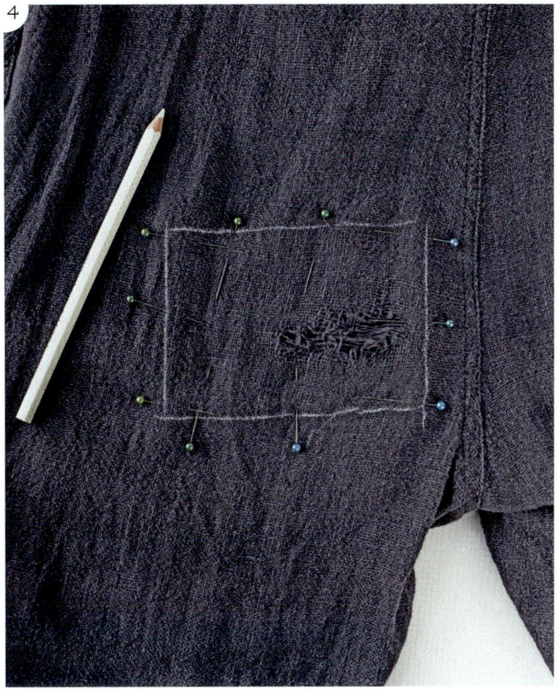

3 Schneidet den Flicken aus dem Stoffrest entsprechend den Maßen aus Schritt 1 zu. Schlagt die Ränder um etwa 5 mm ein und bügelt sie fest.

4 Steckt den Flicken unter dem Loch im Hosenboden fest. Zeichnet seine Umrisse von außen nach; diese Linien könnt ihr beim Nähen als Orientierung verwenden.

5

6

5 Näht mit einem Reihstich an der Oberkante des Flickens entlang und achtet dabei darauf, dass ihr die eingeschlagenen Ränder des Flickens erwischt. Ggf. könnt ihr zum Abschluss den Flicken noch einmal rundherum festnähen, so dass von außen eine schöne gerade Naht rund um den Flicken zu sehen ist. Näht dann mit mehreren parallelen Reihstichen quer über den gesamten Flicken – auch über das Loch –, wobei ihr den Längsstich am Ende jeder Reihe unter dem Stoff entlangführt.

6 Nun fügt einige Längsstiche hinzu, mit denen ihr auch die Ränder des Lochs gegen Ausfransen sichert. Falls nötig, könnt ihr auch einige Überwendlingsstiche anbringen oder mit Längs- und Querstichen fortfahren, bis alle Fransen des Lochs vollständig festgewoben sind. Idealerweise habt ihr am Ende ein Gewebe, das sich farblich kaum vom Stoff des Kleidungsstücks abhebt und dessen Längs- und Querfäden ein einheitliches Bild ergeben.

TIPP: *Für das Foto habe ich kontrastierendes weißes Garn verwendet, um die beschriebenen Stiche besser sichtbar zu machen. Für eine wirklich unsichtbare Reparatur sollten jedoch alle Materialien dem Stoff des Kleidungsstück möglichst ähneln. Denkt daran: Eine nicht perfekte Reparatur ist immer noch besser als ein gerissenes Kleidungsstück, das im Schrank versauert. Feiert eure unvollkommenen Stiche und damit auch die Fürsorge, die ihr eurer Kleidung zukommen lasst.*

NATÜRLICHE FARBPALETTEN

»Wer mit Pflanzen färbt, kann über Alltägliches staunen. Natürliche Farbpaletten halten im Laufe des Verarbeitungsprozesses eine Vielzahl sensorischer Erfahrungen bereit und zeigen uns immer neue Schattierungen — abhängig von Zeit, Ort, Boden und Saison. Ich nutze häufig ganze Pflanzen statt Extrakte oder Färbegut, wodurch ich viel über saisonale Verfügbarkeit, Wachstumszyklen und Farbpotentiale lerne.

Die Herstellung natürlicher Farben aus Unkräutern schafft Farbpaletten, die uns buchstäblich mit Orten und Menschen in Berührung bringen, und eröffnet neue Verwendungsmöglichkeiten für ungeahnte Ressourcen. Das Färben mit Pflanzen ist zudem ein verbindendes Instrument der Slow Fashion: Indem wir unsere eigenen Kleider wertschätzen und anerkennen, dass selbst Abfall und Unkraut einen Nutzen haben können, verwandeln wir etwas, das wir bereits besitzen, in etwas Schönes, Stylishes und Bedeutungsvolles. Dies kann ein bewegender, sinnlicher, umweltbewusster, kreativer und kraftvoller Akt sein, vergleichbar mit dem Wissen um die Herkunft des eigenen Essens, dem Anbau eigener Nahrungsmittel oder für sich selbst zu kochen. Wenn wir unsere Beziehung zu Farbe in unserem Leben neu denken, erhalten wir ein breites Spektrum von Möglichkeiten für eine Zukunft der Slow Fashion.«

SASHA DUERR
Permacouture Institute

DIE JAPANISCHE PHILOSOPHIE DES WABI-SABI

Als ich anfing, mich für die japanischen Boro- und Sashiko-Techniken zu interessieren, stieß ich auf den japanischen Ausdruck *Wabi-Sabi*. Dies erinnerte mich an ein Buch, das mir einst jemand auf dem College empfohlen hatte: *Wabi-Sabi für Künstler, Architekten und Designer. Japans Philosophie der Bescheidenheit* von Leonard Koren. Ich kam erst Jahrzehnte später dazu, es zu lesen, als ich verstehen wollte, wie ich diese Philosophie auf das Schaffen von Kunst und Poesie beziehen kann.

Es ist nicht leicht, Wabi-Sabi zusammenzufassen, doch kurz gesagt geht es darum, die Schönheit des Unvollkommenen, des Alterns und des Verfalls zu akzeptieren. Die Spuren des natürlichen Alterns von Materialien — Patina oder Rost bei Metallen, Verwitterung von Hölzern — verleihen den Dingen eine neue Schönheit, ja sogar Erhabenheit, die auf anderem Weg nicht erreicht werden kann.

Ein anderer Aspekt des Wabi-Sabi betrifft die Ästhetik des »gerade genug«, die sich als wirkungsvoller Grundsatz auch beim Designen und Reparieren einsetzen lässt. Ich begreife dies jedoch nicht als strikten Minimalismus oder zwanghafte Selbstbeschränkung, sondern eher als Möglichkeit eines Dialogs zwischen mir und einem Gegenstand. Wir können uns einerseits mit Dingen umgeben, die wir brauchen, mögen, nutzen und besonders schön finden, andererseits können wir durch Selbstbeschränkung auch auf die Bedürfnisse und Potentiale eines Gegenstands oder Raums reagieren und so die Spuren seiner Geschichte würdigen.

Bei Wabi-Sabi denke ich an unsere geliebten Quilts, die mit Bedacht genäht wurden, an eine alte Tapete, die bei einer aufmerksamen Renovierung sichtbar gelassen wurde, die angeschlagene Lieblingsvase, die nach wie vor ihren Platz vorne auf dem Küchenregal hat, den Holzlöffel, dessen Griff von jahrelangem Gebrauch bereits verbogen ist, mit dem sich aber die winterlichen Suppen und Eintöpfe immer noch am besten umrühren lassen. Weil der Familienquilt, die Tapete, die Vase und der Holzlöffel wertvoll waren, akzeptieren wir auch ihre durch langen Gebrauch entstandenen Unvollkommenheiten, und wertschätzen diese zugleich, indem wir die Dinge weiterhin nutzen.

Insbesondere bei handgefertigten Gegenständen oder selbstgemachten Reparaturen ist es das Wissen um die intime und ihrer Natur nach fehlerbehaftete — nicht maschinelle oder computergesteuerte — Herstellung des greifbaren Objekts, die uns reizt. Wir fühlen uns zu Dingen hingezogen, die mit Vorsatz, Können und Hingabe hergestellt wurden. Wenn wir akzeptieren, dass diese Dinge sich mit der Zeit und Nutzung verändern, dann können wir uns für immer an ihnen erfreuen.

Abnutzungen und Beschädigungen sind akzeptable, ja sogar erwartbare Folgen des normalen Gebrauchs, doch sie schaffen zugleich einen eigenen Wert und eine Schönheit, die, wie Koren schreibt, nicht »willentlich repliziert« werden kann. Wabi-Sabi kann man nicht erzwingen: Es muss sich von selbst einstellen.

Wenn ich dieses Denken auf die Reparatur von Kleidung anwende, kann ich diese so gestalten, wie das jeweilige Kleidungsstück es verlangt: Jeder Flicken, jeder Stich, jedes Stopfen oder jede Kombination aus Reparaturtechniken reagiert auf eine bestimmte Beschädigung. Ich kann entscheiden, die Abnutzung durch eine sichtbare Reparatur, durch Innenflicken oder auffällige, kontrastierende Nähte zu betonen und wertzuschätzen, anstatt sie zu verbergen, ebenso wie ich die Reparatur von Kleidern, die schon einmal geflickt wurden, als fortlaufende Praxis zelebrieren kann. Ich kann akzeptieren, dass meine selbstgemachten Reparaturen, meine unvollkommenen Stiche und Flicken das Kleidungsstück aufwerten, und kann meine Kleidung wertschätzen, indem ich sie nicht nur weiterhin tragbar mache, sondern sie sogar durch Reparaturen verschönere.

Auch bei der Renovierung unseres zweihundert Jahre alten Bauernhauses mit angrenzender Scheune bin ich oft nach den Prinzipien des Wabi-Sabi vorgegangen. Natürlich müssen einige Reparaturen professionell durchgeführt werden, etwa wenn es um Isolation oder tragende Elemente geht, doch an anderen Stellen können wir ästhetische Entscheidungen treffen, die trotz Umbauten und Renovierungen die Geschichte und die Geschichten des Gebäudes erhalten. Wie viele, die alte Häuser besitzen, waren wir begeistert, als wir beim Herausreißen von Flauschteppichen, Linoleum und Öltuch auf alte Zeitungen aus dem frühen 19. Jahrhundert und auf breite Holzdielen stießen, die wir nur noch neu anstreichen mussten, damit sie für uns wie neu waren. Ähnlich wie bei der Reparatur von Kleidung bot die Reparatur unseres Bauernhauses Gelegenheit für eine Wabi-Sabi-Ästhetik.

Wenn ich heute mein Studio betrete, das früher ein verlassenes Gästezimmer war, erfreue ich mich an dem kerbigen, alten Holzfußboden, den wir unter Lagen von anderen Fußbodenbelägen freigelegt haben. Wir entschlossen uns, ihn in der Mitte des Raumes zu beizen und an den Rändern nicht, und entschieden uns für einen grauen Anstrich als perfekte unperfekte Lösung. Die Renovierung eines Hauses und die Reparatur einer Jeans sind nicht so unterschiedlich: Was ich an alten Häusern unter anderem liebe, sind ihre Geschichte, ihre Geschichten, ihre Widerstandskraft, ihre Unvollkommenheiten, ihr Potential und ihre Weisheit.

Durch das Verständnis von Wabi-Sabi können wir unsere perfektionistischen Neigungen abschütteln und die krummen Nähte und schiefen Flicken auf unseren Jeans ins Herz schließen. So lernen wir schließlich auch, uns selbst in unserer Unvollkommenheit zu akzeptieren, unser eigenes Altern und die Weisheit und Erfahrungen, die unsere Körper mit der Zeit gesammelt haben. Wenn wir das natürliche Altern unserer geliebten, abgetragenen Jeans wertschätzen können, gelingt uns vielleicht auch, unsere Lachfältchen als das zu lieben, was sie sind: als Beweis dafür, dass wir in unserem Leben so oft und herzlich gelacht haben, dass es Spuren hinterlassen hat.

7. KAPITEL

IMPRO-VISIERTES STOPFEN UND WEBEN

GEWEBTE REPARATUREN

Bei der Herstellung gewebter Stoffe werden Längs- und Querfäden (Kett- und Schussfäden) eng miteinander verkreuzt, so dass sie ein Tuch ergeben, das man zerschneiden und zu Kleidung verarbeiten kann. Stopfen imitiert diesen Prozess: Durch das Hin- und Hernähen entlang der Kett- und Schussfäden des Stoffs entsteht ein neues Gewebe, das den fehlenden Stoff ersetzt.

In diesem Kapitel stelle ich meine komplizierteste Reparaturtechnik vor. Dabei werden längs und quer enge Sashiko-Stiche genäht und ein Flicken als Verstärkung verwendet. Anstatt ein perfektes Gewebe anzustreben, das den Stoff des beschädigten Kleidungsstücks imitiert, können wir auch an diese Reparatur mit Improvisationsgeist herangehen und uns von Wabi-Sabi (siehe Seite 140) leiten lassen.

Projekt 14

Einfaches Stopfen auf Jeansstoff

Mit diesem Projekt können sich auch Anfänger:innen an einfachem Stopfen und Weben versuchen, das heißt: mit Längs- und Querstichen eine gewebte Reparatur simulieren. Schäden in gestrickten Kleidungsstücken lassen sich mit Stopfstichen und Garn reparieren. Für die Reparatur eines großen Risses in einem maschinengewebten Stoff wie Jeans sind Handstiche allein jedoch weder stark noch präzise genug. Hier sollte ein Flicken aus robustem Stoff hinterlegt werden, der das improvisierte Gewebe verstärkt und gleichzeitig dekorative Stichelemente ermöglicht.
In diesem Projekt verwende ich sehr weitmaschige horizontale und vertikale Stiche, die eigentliche Arbeit leistet jedoch der Flicken.

MATERIALIEN

- Reparaturbedürftiges Kleidungsstück
- Bügeleisen (optional)
- Maßband oder Lineal
- Auswaschbarer Textilmarker oder Schneiderkreide
- Stoffschere
- Zackenschere (optional)
- Stoffrest
- Steck- oder Sicherheitsnadeln
- Sashiko-Garn in passender Farbe
- Sashiko-Nadeln
- Stickschere oder Fadenabschneider
- Fingerhut (optional)

1

2

1 Breitet das Kleidungsstück auf eurer Arbeitsfläche aus. Bügelt es, falls nötig. Markiert den beschädigten Bereich, der geflickt werden soll. Bei dem Projekt verstärkt der Flicken den gesamten verschlissenen Bereich der Jeans, weshalb sowohl der Flicken als auch der Bereich, in dem genäht wird, recht groß sind. Bei stark abgetragenen Jeans müsst ihr nach Gefühl entscheiden, wie groß der Flicken sein sollte. Manchmal ist ein Flicken erst der Anfang, und irgendwann wird das ganze Hosenbein repariert sein. Fangt einfach mit dem ersten Flicken an.

2 Messt den beschädigten Bereich aus und fügt auf allen Seiten 1,5 bis 2,5 cm hinzu. Markiert die Ränder des zu flickenden Bereichs mit einem Textilstift.

3

4

3 Schneidet den Flicken aus dem Stoffrest entsprechend den Maßen aus Schritt 2 zu.

4 Schneidet alle Fransen rund um den Riss ab. Schiebt den Flicken mit der rechten Seite nach oben in das Hosenbein und steckt ihn fest. Achtet dabei darauf, dass ihr nicht aus Versehen die Rückseite des Hosenbeins mit feststeckt. Korrigiert ggf. die Markierung, indem ihr die Umrisse des Flickens von außen mit einem Textilstift anzeichnet. Diese Linien bilden nun den Rahmen für die Stickfläche.

5

6

5 Fädelt das Garn in die Nadel, verknotet es am langen Ende und stecht mit der Nadel in einer Ecke des Flickens von innen nach außen. Beginnt am oberen Rand des Flickens mit Reihstichen (siehe Seite 41) zu nähen. Wenn ihr wollt, könnt ihr euch mit einem Textilmarker horizontale Linien vorzeichnen.

Ansonsten näht ihr freihändig eure parallelen Stichreihen immer hin und her, wobei der Längsstich am Ende jeder Reihe auf der Innenseite verborgen bleibt. Näht so weit, wie ihr möchtet, und achtet immer darauf, mit den Stichen nicht die Rückseite des Hosenbeins mitzufassen.

6 In diesem Projekt wird die Fläche des Flickens sowohl mit Ansammlungen von Stichen als auch mit gezielt frei gelassenen Bereichen gestaltet. Bei einem so großen Flicken kann diese Abwechslung eine schöne Methode sein, sowohl den Flicken zu befestigen als auch die Reparatur visuell interessant zu gestalten. Für einen besseren Halt auf dem beschädigten Bereich solltet ihr aber auf jeden Fall ausreichend über das Loch nähen.

7

8

7 Näht mit Querstichen in parallelen Reihen über das Loch bzw. die am meisten beschädigten Stellen des Kleidungsstücks und »webt« dann zusätzlich mit Längsstichen über diese Stelle. Die Stiche fixieren so die Ränder des Lochs auf dem Flicken.

8 Mit einem Überwendlingsstich (siehe Seite 42) näht ihr die Ränder des Lochs am Flicken fest, damit sie nicht weiter ausreißen. Falls nötig, könnt ihr auch zweimal um das Loch herumnähen, damit der Abstand zwischen den einzelnen Stichen enger wird.

9

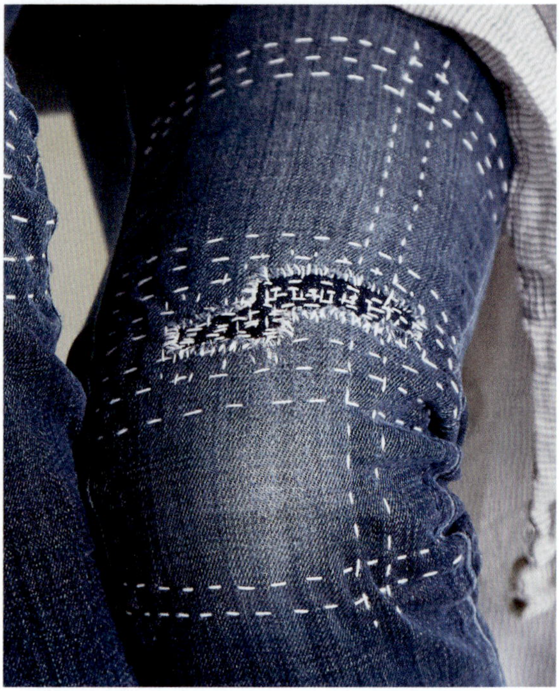

9 Wenn der Flicken an seinem Platz sitzt und das Loch gesichert ist, könnt ihr weitere Längsstiche um das Loch herum zur Zierde ergänzen, die zugleich die Reparatur verstärken. Die horizontalen und vertikalen Stichreihen bilden ein improvisiertes Gewebe über dem Loch, das außerdem von dem Flicken dahinter vollständig verschlossen wird. Je nach Geschmack und Ausdauer könnt ihr mit weiteren Nahtlinien den Flicken kreativ weiter gestalten. Wichtig ist außerdem, dass die untere und obere Kante des Flickens mit mindestens einer Naht fixiert wird. Diese Stopftechnik ist ein wahres Kunstwerk – ihr könnt euch selbst auf die Schulter klopfen.

Projekt 15

Kontrastierendes Stopfen auf Seide

Seide ist vielleicht der sinnlichste aller Stoffe. Wenn ihr Bedenken wegen des Herstellungsprozesses habt, könnt ihr auf Ahimsa oder Friedensseide zurückgreifen, die unter schonenderen Bedingungen für die Seidenraupen produziert wird. Seide findet man oft auch secondhand, helle Stoffe eignen sich gut zum Überfärben mit natürlichen Farbstoffen wie Zwiebel- oder Walnussschalen, Avocadokernen oder wildem Fenchel. Pflanzliche Farbstoffe sind eine wunderbare Methode, um gebrauchte Kleider zu verjüngen und ihnen eine persönliche Note zu verleihen. So wunderbar Seide auch sein mag, manchmal braucht sie dennoch eine gute Reparatur. In diesem Projekt wird ein Seidenflicken verwendet, der mit Avocadokernen gefärbt wurde, um die Achsel eines gerne getragenen Hemdchens zu reparieren.

MATERIALIEN

- Reparaturbedürftiges Kleidungsstück
- Bügeleisen
- Maßband oder Lineal
- Stoffschere
- Stoffrest aus Seide
- Steck- oder Sicherheitsnadeln
- Auswaschbarer, für Seide geeigneter Textilmarker oder Schneiderkreide
- Sashiko-Garn
- Sashiko-Nadeln
- Stickschere oder Fadenabschneider (optional)
- Fingerhut (optional)

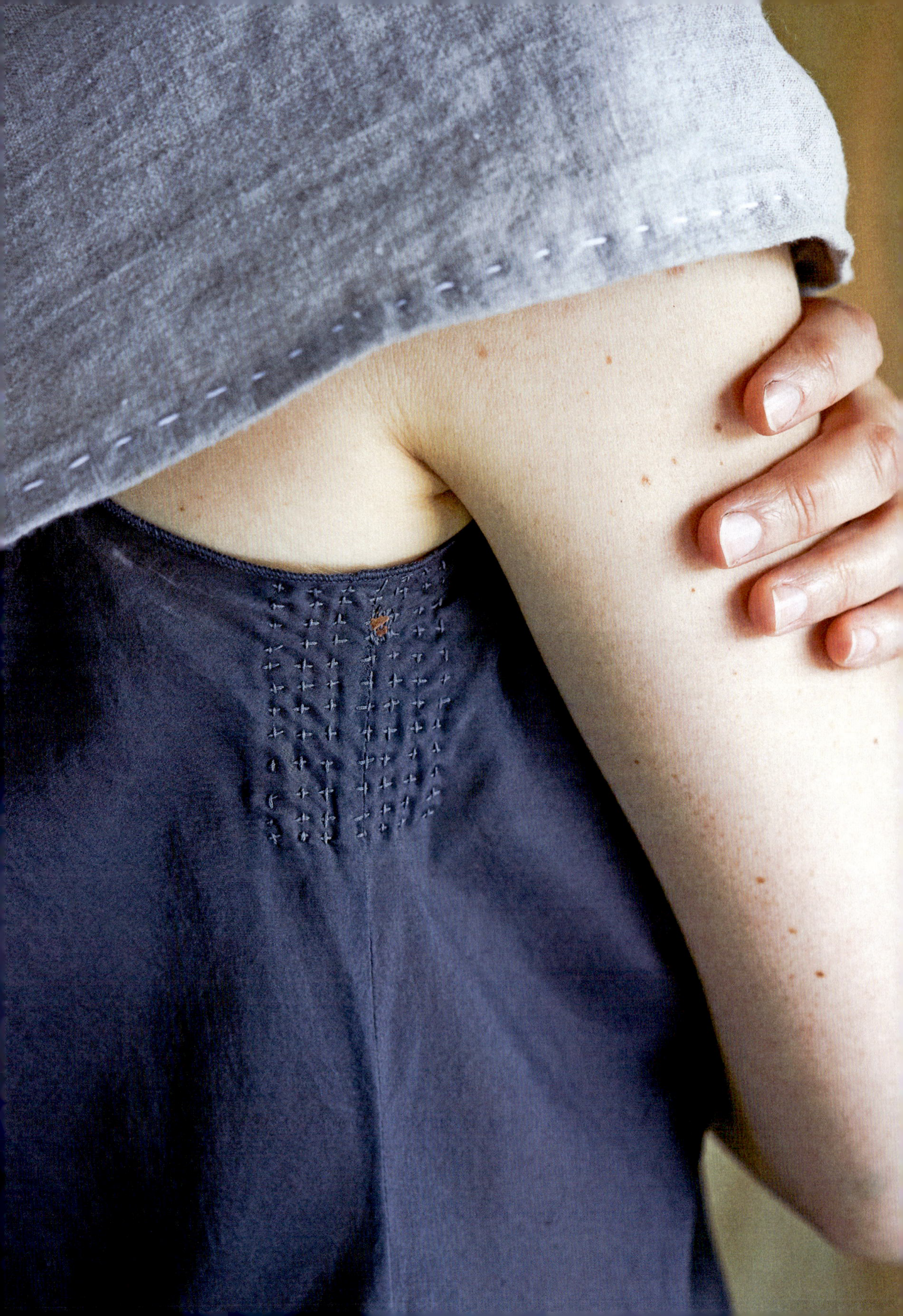

1

2

1 Breitet das Kleidungsstück auf eurer Arbeitsfläche aus. Bügelt es, falls nötig (achtet dabei darauf, die Temperatur des Bügeleisens auf Seide einzustellen). Messt das Loch oder den Riss aus und fügt auf allen Seiten 1,5 bis 2,5 cm zum Versäubern der Ränder hinzu.

2 Schneidet den Flicken aus dem Stoffrest entsprechend den Maßen aus Schritt 1 zu. Falls nötig, könnt ihr auch zwei Lagen Seide verwenden, für doppelten Halt sozusagen. In diesem Projekt repariere ich einen leichten Seidenstoff mit nur einem Seidenflicken. Die Ecken werden nicht abgerundet.

3

4

3 Bei Flicken aus Seide müssen die Ränder versäubert werden, damit sie nicht ausfransen. Schlagt die Ränder ca. 5 mm ein und bügelt (Bügeleisen eingestellt für Seidenstoffe) jeweils die gegenüberliegenden Seiten hintereinander – erst längs, dann quer –, damit die Ränder, besonders die Ecken, schön flach liegen.

4 Steckt den Flicken unter dem Loch fest. Die eingeschlagenen Ränder werden mit den Reparaturstichen festgenäht.

5

6

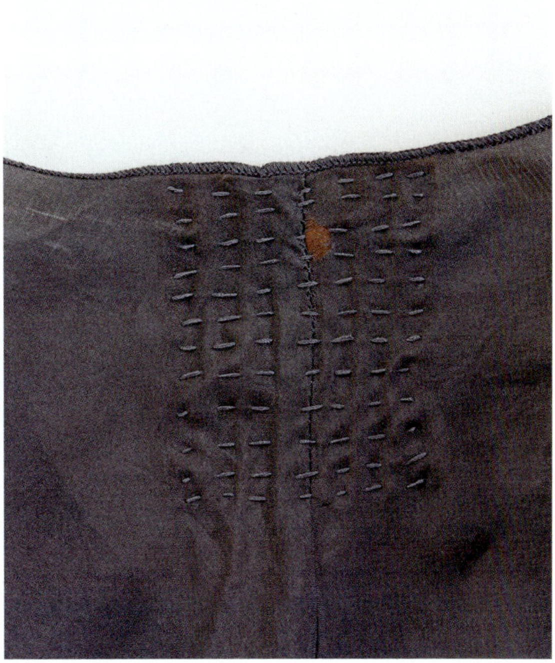

5 Fädelt das Garn in die Nadel. In diesem Projekt wird der Seidenfaden doppelt genommen; dazu zieht ihr den Faden durch das Nadelöhr, bis die Nadel in der Mitte des Fadens liegt und macht einen Knoten in beide Fadenenden gemeinsam. Achtet darauf, dass die Nadel für Seide geeignet ist und zu eurem Garn passt. Wenn sie zu dick ist, hinterlässt die Nadel beim Nähen Löcher im Seidenstoff.

Näht mit einem Reihstich (siehe Seite 41) am Rand der Achsel entlang, danach mit parallelen Querstichen immer hin und her, wobei die Längsstiche, um zur nächsten Reihe zu gelangen, jeweils auf der Innenseite verborgen bleiben.

6 Wenn ihr mit euren Querstichen beim Loch ankommt, näht einfach weiter. Achtet darauf, dass ihr auch die eingeschlagenen Ränder des Flickens festnäht. Dazu könnt ihr euch mit einem Textilstift (der für Seide geeignet ist) die Ränder des Flickens anzeichnen und regelmäßig innen überprüfen, ob ihr sie erfasst habt.

7

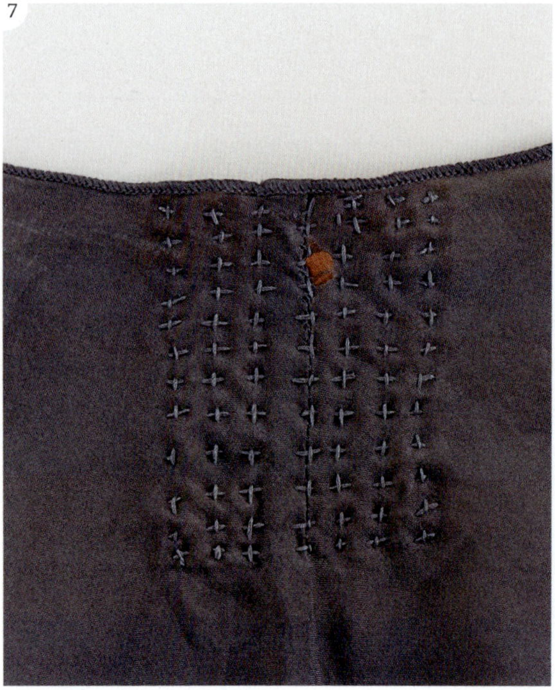

8

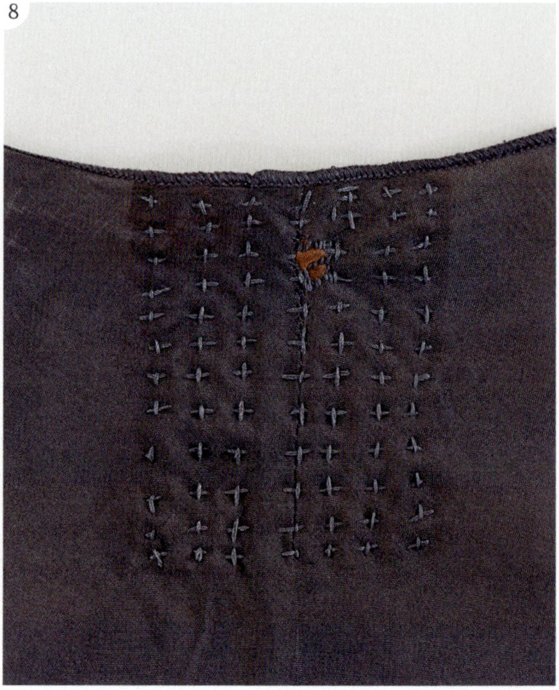

7 Fügt nun vertikale Stichreihen hinzu, damit der Flicken fester sitzt und die Reparatur interessanter aussieht. In diesem Projekt wurde ein kleiner Flicken verwendet, die Längs- und Querstiche ließen sich daher leicht so platzieren, dass Kreuze entstanden. Bei einem größeren Flicken oder wenn ihr euren eigenen Perfektionismus unterlaufen möchtet, könnt ihr ruhig eine lockerere Wabi-Sabi-Technik anwenden. Schiefe Stiche sind ebenfalls sehr hübsch.

8 Wenn ihr mit den Längs- und Querstichen fertig seid, überprüft ihr, ob alle Ränder des Flickens festgenäht sind. Näht anschließend noch mit einem Überwendlingsstich (siehe Seite 42) um das Loch herum, indem ihr den Knoten vom Fadenende innen haltet und so viele Stiche ergänzt, bis die Ränder des Lochs vollständig versäubert sind und nicht weiter ausreißen können. Fahrt fort, bis das Loch vollständig umnäht ist.
Erfreut euch an dieser wunderbar reparierten Seide!

SICHTBARE REPARATUREN

»Wenn ihr euch um soziale oder politische Themen Gedanken macht, aber so wie ich eher schüchtern und konfliktscheu seid, dann fragt ihr euch vielleicht auch manchmal, ob ihr euch auf eine Weise einbringen könnt, die besser zu euch passt. Bei meinem ›Visible Mending‹-Projekt mit sichtbaren Reparaturen habe ich gelernt, dass ich mich sehr wohl einbringen kann. Der Akt des Stopfens an sich kann sehr meditativ sein und uns Zeit zum Nachdenken schenken.

In meinen Stopf-Workshops sind die Teilnehmenden oft vollkommen in ihre Aufgabe versunken, und mir scheint, dass dieses gemeinsame Schweigen den Leuten ein Gefühl von Verbundenheit schenkt. Am Ende reden wir über alles Mögliche: über Erinnerungen, die ein Stopfpilz bei uns hervorruft, darüber, dass Stopfen und Flicken kreativ sein kann und Spaß macht, über die gesellschaftlichen Konstruktionen, die mit Mode einhergehen, und über unsere Gefühle im Zusammenhang mit reparierter Kleidung.

Eine sichtbare Reparatur kann die Geschichte des Kleidungsstücks fortschreiben und zugleich zeigen, dass man es einer Reparatur für würdig hielt. Bei Kleidern von der Stange kann man die eigene Kreativität spielen lassen und die wunderschöne, selbst gestopfte Stelle als Ehrenabzeichen tragen.«

TOM VAN DEIJNEN
The Visible Mending Programme

Projekt 16

Wabi-Sabi-Weben auf Leinen

Leinen ist der perfekte Stoff für warmes Wetter – Leinenkleidung ist angenehm weich und meist weit geschnitten. Dass beim Anbau weniger Wasser und Pestizide benötigt werden als bei den meisten anderen Fasern, ist ein zusätzlicher Pluspunkt.
Das einzige Problem mit Leinen ist, dass es durch seine lockere Webart leichter reißt, Fäden zieht oder verschleißt. Doch keine Sorge: Eine sichtbare Reparatur kann Abhilfe schaffen.

Diese Leinenbluse brauchte eine dreiteilige Reparatur. Zuerst unterlegte ich die Löcher auf beiden Seiten mit einem Flicken, dann musste ich noch ein Stück der Seitennaht wieder zusammenfügen. Kleidungsstücke aus hellem Leinen findet man oft in Secondhand-Läden. Diese Stoffe nehmen natürliche Farbstoffe sehr gut an. In diesem Projekt wurde der Stoff des Flickens mit Avocadokernen gefärbt, um einen warmen, erdigen Rosa-Ton zu erhalten. Außerdem verwendete ich farblich passendes Sashiko-Garn. (Denkt daran, dass sich das Garn beim Färben aufraut. Bienenwachs macht den Faden wieder geschmeidiger.)

MATERIALIEN

- Reparaturbedürftiges Kleidungsstück
- Bügeleisen
- Maßband oder Lineal
- Stoffschere
- Stoffrest aus Leinen
- Stecknadeln oder Sicherheitsnadeln
- Auswaschbarer Textilmarker oder Schneiderkreide
- Sashiko-Garn
- Sashiko-Nadeln
- Stickschere oder Fadenabschneider (optional)
- Fingerhut (optional)

1

2

1 Breitet das Kleidungsstück auf eurer Arbeitsfläche aus. Bügelt es, falls nötig. Messt das Loch oder den Riss aus und fügt auf allen Seiten 2 cm hinzu, damit der Flicken den gesamten beschädigten Bereich abdeckt und die Ränder versäubert werden können.

2 Schneidet den/die Flicken aus dem Stoffrest entsprechend den Maßen aus Schritt 1 zu. Schlagt die Ränder um ca. 5 mm ein und bügelt sie fest.

3

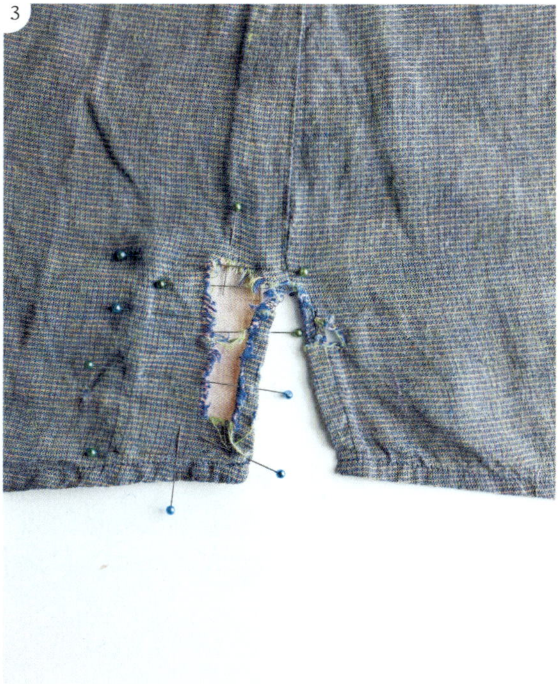

4

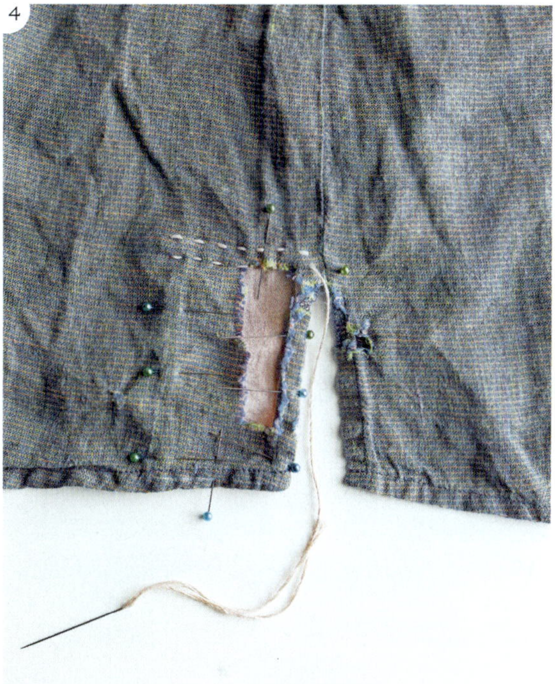

3 Platziert den Flicken unter dem Riss und achtet dabei darauf, den eingeschlagenen Rand an der Seitennaht auszurichten. Steckt die Ränder auf dem Stoff fest. Wenn ihr einen Bereich für eure Stiche wünscht, zeichnet die Umrisse des Flickens von außen mit einem Textilstift nach.

4 Näht mit einem Reihstich (siehe Seite 41) am oberen Rand des Flickens entlang. Eventuell müsst ihr am Rand entlang zwei Stichreihen setzen, um den eingeschlagenen Rand des Flickens komplett festzunähen.

5

6

5 Näht nun die anderen drei Seiten des Flickens fest. Wenn ihr möchtet, könnt ihr dazu auch kontrastierendes Garn verwenden. Zur besseren Stabilität ist es ratsam, die Ränder des Flickens am Saum des Kleidungsstücks festzunähen.

6 Schlagt die Ränder des Lochs nach innen ein und näht entlang des Umrisses mit einem Reihstich den Flicken fest.

7

7 Wenn die Ränder des Lochs und des Flickens gesichert sind, näht ihr mit parallelen Reihstichen quer über den gesamten Flicken. Die Längsstiche dazwischen bleiben auf der Unterseite verborgen. (Im Beispiel ist nur die erste Reihe mit der Nadel angedeutet.)

8 Fügt beliebig Längsstiche hinzu, bis der Flicken fest auf dem Stoff und an der Seitennaht fixiert ist. In diesem Fall habe ich mich für einen minimalistischeren Einsatz der Stichreihen entschieden.

9 Wiederholt alle Schritte ggf. bei der nächsten reparaturbedürftigen Stelle, falls das Kleidungsstück mehrfach eingerissen ist. Mit einem Überwendlingsstich (siehe Seite 42) oder einem Vorstich (siehe Seite 40) könnt ihr außerdem ein Stück der Seitennaht wieder schließen, so dass alle offenen Kanten gesichert sind und keine Fransen mehr lose herumhängen. Schaut euch das an: Jetzt habt ihr eine umwerfende Reparatur. Ihr seid beinahe schon Profis.

Projekt 17

Improvisiertes Weben an Knopflöchern

Schon mit einfachsten Reparaturen können wir ein Kleidungsstück aufwerten. In diesem Projekt werden ausgerissene Knopflöcher mit Flicken und Sashiko-Stichen verschönert. Der Flicken sichert dabei das ausgerissene Loch und verstärkt zugleich den umliegenden Stoff. Die horizontalen und vertikalen Stiche dienen ebenfalls der Verstärkung und der Verschönerung. Die Träger dieses Kleides wurden ursprünglich vorne und hinten von Knöpfen gehalten, deshalb kann man problemlos die vorderen Knöpfe durch Flicken ersetzen und die hinteren weiterhin zur Justierung verwenden. Wenn die Knöpfe zum An- und Ausziehen des Kleidungsstücks nicht notwendig sind, kann man sie auch komplett durch Flicken ersetzen. In jedem Fall kann man das ursprüngliche Kleidungsstück in ein Unikat verwandeln, indem man Handarbeit investiert und hochwertige Stoffe auswählt.

MATERIALIEN

- Reparaturbedürftiges Kleidungsstück
- Bügeleisen
- Maßband oder Lineal
- Stoffschere
- Stoffrest aus bedruckter Baumwolle
- Auswaschbarer Textilmarker oder Schneiderkreide
- Steck- oder Sicherheitsnadeln
- Sashiko-Garn
- Sashiko-Nadeln
- Stickschere oder Fadenabschneider (optional)
- Fingerhut (optional)

1

2

1 Breitet das Kleidungsstück auf eurer Arbeitsfläche aus. Bügelt es, falls nötig. Messt das Loch oder den Riss aus und fügt auf allen Seiten 1,5 bis 2,5 cm hinzu. Denkt dabei auch an die Nahtzugabe zum Versäubern der Ränder.

2 Schneidet den Flicken aus dem Stoffrest entsprechend den Maßen aus Schritt 1 zu. Wenn ihr mit mehreren Flicken arbeitet, um eine patchworkartige Reparatur zu erzielen, wählt Muster, Größe und Form der Flicken so aus, dass eine ansprechende Kombination entsteht.

3 Schlagt die Ränder des Flickens ca. 5 mm ein und bügelt die Kanten, um sie später zu versäubern.

4 Steckt den Flicken über dem eingerissenen Knopfloch fest. Bei diesem Projekt wurden die Träger vorher innen am Kleid festgenäht, die Sashiko-Stiche haben somit zwei Funktionen: Sie reparieren das ausgerissene Loch und geben den Trägern zusätzlich Halt.

5 Näht wenn möglich mit einem Reihstich (siehe Seite 41) oder – falls die Schichten zu dick sind – mit einem Vorstich (siehe Seite 40) die Ränder des Flickens auf dem Kleidungsstück fest. Achtet dabei darauf, dass ihr nah genug an den Rändern des Flickens entlangnäht, damit ihr die eingeschlagenen Ränder mit erfasst.

6

7

6 Fügt Längs- und Querstiche in der Mitte des Flickens hinzu. Diese Stiche halten nicht nur den Flicken auf dem Kleid, sondern sichern auch den Träger. Außerdem könnt ihr mit den Stichen in beide Richtungen das Stopfen üben; und hübsch sehen sie auch noch aus.

7 Wiederholt das Ganze auf der anderen Seite. Wenn ihr möchtet, könnt ihr auch mehrere Flicken pro Seite anbringen, um einen Patchwork-Look zu erzielen. Jeder zusätzliche Flicken sorgt für mehr Halt und macht die Reparatur optisch ansprechender und interessanter. Beim Spiel mit verschiedenen bedruckten Stoffen könnt ihr eurem Designtalent freien Lauf lassen. Folgt einfach eurem Gefühl und macht euch das Kleidungsstück wahrhaft zu eigen.

NÄHEN ALS SELBSTBEWUSSTSEIN

»Ich habe in der Schule Nähen gelernt, doch der Prozess war eine andauernde Frustration, die mich letztendlich davon überzeugte, dass ich nicht nähen kann. Stricken diente mir als textiler Ersatz, bis ich mit dem Projekt ›100 Acts of Sewing‹ anfing. Ich stellte hundert Kleider in einem Jahr her und dokumentierte den Prozess. Das Projekt entstand aus dem Wunsch heraus, eine schlichte und dennoch farbenfrohe Garderobe aus natürlichen Stoffen mein Eigen nennen zu können.

Nähen ist ein sehr iterativer Prozess. Wie man den Stoff hält oder wann man auf das Pedal treten muss, das alles liegt im Muskelgedächtnis. Ich entdeckte eine einzigartige Alchemie, bei der die Fähigkeiten, die man braucht, um Stoffe zusammenzunähen, sich in Selbstbewusstsein verwandeln. Eine ganze Garderobe selbst zu entwerfen hat mir völlig neue Möglichkeiten eröffnet. Ich stelle her, was ich gerne tragen würde, und ich stelle es für den Körper her, den ich gerade habe. Dies hat mein Leben auf tiefgreifende Weise verändert.«

SONYA PHILIP
100 Acts of Sewing

WARUM REPARIEREN WICHTIG IST

Vor einigen Jahren wurde ich für einen Podcast interviewt, und als wir auf mein *Make Thrift Mend*-Projekt und meine Reparatur-Workshops zu sprechen kamen, verwendete die Gastgeberin zu meiner Überraschung den Begriff »radikal«. Mir selbst war mein Boykott von Fast Fashion immer als ein persönliches Kunstprojekt denn als radikaler oder politischer Akt erschienen. Die Reparatur von Kleidern war für mich befriedigend, ausdrucksstark und wichtig für nachhaltige Mode — ein Relikt aus einer früheren Generation, einer Generation, die pragmatisch war und ihre Besitztümer für ihre Nützlichkeit, ihre Seltenheit und ihren Wert schätzte. Außerdem war sie ein notwendiger Teil meines Mode-Fastens: Da ich mir keine neuen Jeans kaufte, mussten meine alten länger halten, und Flicken war die Lösung dafür. Doch mir wurde schnell klar, dass die Interviewerin recht hatte — Flicken ist radikal.

Im Herzen von Slow Fashion schlummern Aktivismus und Handlungsfähigkeit. Auf faire Herstellung und umweltverträgliche Materialien zu achten, Secondhand-Kleidung zu bevorzugen, sind radikale Akte. Während die eine kritische Konsumentin sich für neue, fair hergestellte Kleidung entscheidet, verlegt sich ein anderer vielleicht lieber auf die Herstellung eigener Stücke, und eine dritte schränkt ihren Konsum insgesamt ein. All diese Entscheidungen sind wichtig und steuern den Modekonsum in Richtung einer gesünderen und menschlicheren Zukunft. Doch wenn wir die Kleidung, die wir bereits besitzen, reparieren, ist auch dies ein radikaler Akt: Er bestärkt mich in meiner Eigenständigkeit, hilft mir, den Wert eines Kleidungsstücks und seine Machart zu begreifen, und hält meine Kleidung so lange wie möglich in einem tragbaren Zustand. Während wir durch unsere Denkweise die größte Veränderung in unserem Konsumverhalten bewirken können, kann das Reparieren eine radikale Veränderung im Umgang mit unserem Besitz bewirken: Wenn wir würdigen, was wir besitzen, wird das Flicken, Reparieren und damit die Unabhängigkeit in einem unserer grundlegenden menschlichen Bedürfnisse — Kleidung — zu radikalen Akten.

Ich meine damit nicht, dass wir nun alle aufhören sollen, neue Kleidung zu kaufen oder herzustellen. Wir sollten weiterhin unabhängige Designer:innen unterstützen, die nach ethischen Prinzipien arbeiten, wir sollten unsere Fertigkeiten beim Nähen ausbauen und Secondhand-Kleidung so oft wie möglich den Vorzug geben — da es einfach zu viel abgelegte Kleidung gibt und sich immer wieder gute Gelegenheiten bieten, alten Stücken zu neuem Leben zu verhelfen.

Doch auch in der Reparatur liegen unendlich viele Möglichkeiten. Flicken ist nicht nur auf emotionaler Ebene wichtig — weil es befriedigend ist, Beschädigtes instandzusetzen —, sondern auch auf einer praktischen. Wir müssen das Flicken als einen natürlichen Bestandteil des Besitzes von Kleidung begreifen: Fasern fransen aus, Stoffe verschleißen, Hosenkniee reißen auf und Ärmel scheuern durch. Sobald wir dies nicht mehr als Makel, sondern als Unvermeidlichkeit betrachten, lernen wir auch den Wert von hochwertigen Materialien, gut gearbeiteter und gut sitzender Kleidung schätzen. Als ich mir die Zeit nahm, meine Kleidung zu reparieren, wurde mir klar, dass ich lieber solche Stücke reparieren würde, die es wert sind — ein weiterer Grund für mich, meinen Konsum einzuschränken und nur noch gut gearbeitete Stücke aus hochwertigen Fasern auszusuchen, die ich gerne reparieren würde.

In unserem digitalisierten und virtuellen Zeitalter sollten wir die Momente genießen, die wir unseren ureigenen Bedürfnissen — Kleidung, Nahrung und Unterkunft — widmen. Es hat etwas Wohltuendes, Dinge mit den eigenen Händen herzustellen oder zu reparieren. Jede:r kann Kleidung flicken — alles, was man braucht, ist eine Nadel, etwas Garn und eine Schere. Wir können die einfachsten Reparaturen mit einfachsten Mitteln durchführen. Das Kleidungsstück ist danach sofort wieder nutzbar — und es trägt den Stempel unserer Arbeit. Selbst wenn ich nur einen Knopf ersetze, habe ich mich doch in den Designprozess vertieft, indem ich den Knopf und den Faden ausgesucht und mir die Mühe gemacht habe, den Knopf wieder anzunähen.

Einige Teilnehmer:innen in meinen Kursen befürchteten, sie würden ihre Kleider durch das Flicken ruinieren. Einerseits kann ich das verstehen. Niemand hat gerne das Gefühl, etwas durch den Versuch, es zu verbessern, schlimmer gemacht zu haben. Andererseits: Wie kann man etwas zerstören, das schon kaputt ist? Wenn das Kleidungsstück so gerissen ist, dass man es nicht mehr anzieht, kann man es durch Flicken nicht weiter ruinieren. Man kann es verändern, umgestalten, neu konzipieren oder einfach reparieren, aber man kann es nicht wirklich ruinieren. Ganz zu schweigen davon, dass wir auch bereit sein müssen, Fehler zu machen, und stolz auf unsere ersten Verbesserungsversuche sein sollten. Je mehr ihr übt, desto besser werden zwangsläufig eure Stiche, ihr entdeckt neue Methoden und verfeinert eure Techniken, bis eure Handwerkskunst wirklich erlesen ist. Doch ihr müsst irgendwo anfangen.

Sobald wir uns einmal die grundlegenden Fertigkeiten, die wir zur Reparatur unserer Kleidung benötigen, angeeignet haben — und insbesondere wenn wir diese Fertigkeiten weiterhin üben —, werden wir auch anspruchsvoller bei unseren Käufen. Vor allem können wir erkennen, was von Wert ist. Der Wert kann in der Qualität des Stoffs liegen, in der Herstellung oder dem Anspruch, faire Löhne zu zahlen und biologisch abbaubare Materialien zu verwenden —, und er muss sich nicht zwangsläufig in Geld ausdrücken lassen. Jedes Ding enthält die Zeit, die Kosten und das handwerkliche Können, die es zu seiner Herstellung brauchte. Erst wenn wir selbst stopfen, flicken, reparieren und nähen, wird uns der Wert von qualifizierter Arbeit wirklich bewusst, von hochwertigem Garn und der Zeit, die zum Weben, Färben, Nähen oder Flicken nötig ist.

Grundsätzlich verlängert jede Reparatur das Leben eines Kleidungsstücks und verhindert, dass es im Müll landet. In einer Wegwerfgesellschaft mit sofortiger Bedürfnisbefriedigung ist auch dies ein radikaler Akt. Unabhängig von unseren Prioritäten und unseren politischen Ansichten: Flicken ist wichtig, und zwar in praktischer wie emotionaler Hinsicht. Wenn meine Schüler:innen und die Slow-Fashion Community die potentielle Kraft des Flickens widerspiegeln, bin ich zuversichtlich, dass es auch auf einer höheren Ebene wichtig ist.

8. KAPITEL

UPCYCLING NEU DENKEN

MÖGLICHKEITEN JENSEITS DER REPARATUR

Ich versuche immer, meine Kleidung so lange wie möglich zu flicken, zu reparieren oder umzuändern. Doch selbst wenn ein Teil das Ende seiner Nützlichkeit als Kleidungsstück erreicht hat, kann es als Material für stilvolle, moderne, umgearbeitete Accessoires zu neuem Leben finden. Manchmal stoße ich im Secondhand-Laden oder beim Kleidertausch auf ein wunderschönes Teil, das mir einfach nicht passt. Dieses perfekte Stück kann umgearbeitet und zu einem anderen Zweck wiederverwendet werden.

Mit den Reihstichen für die Reparaturen können aus den schönsten Stoffen Tücher, Schals, Beutel, Taschen oder übergroße Arbeitsmappen entstehen und Abgelegtes wieder zu Wertvollem werden. Mit einfachen Stichen, durchdachtem Design und umsichtigen Vorgehen erhält man erstaunliche Accessoires. Wenn der Stoff aus biologisch abbaubarem Material wie Leinen, Baumwolle, Seide oder Wolle besteht, könnt ihr ihn auch mit natürlichen Farbstoffen färben. Es ist spannend, ein ertrödeltes Leinenhemd in einen neuen Lieblingsschal für den Sommer zu verwandeln oder eine unmoderne Jeans in einen Alltagsbeutel.

Projekt 18

Übergroßes Leinenhalstuch

Übergroße Kapuzen, Loop-Schals und Halstücher haben etwas Wohltuendes an sich. Sie wärmen den Hals an kühlen Tagen, an denen man sich am liebsten von früh bis spät einmummeln würde. In diesem Projekt wird eine Leinenhose aus dem Secondhand-Laden zu einem vielseitige Accessoire. Wenn ihr also das nächste Mal im Secondhand-Laden eine wunderschöne Leinenhose seht, die leider nicht eure Größe hat, erinnert ihr euch vielleicht an diese Idee und fertigt euch daraus ein Halstuch. Die Reste vom Bund und den Taschen könnt ihr für zukünftige Reparaturen aufbewahren und als Flicken verwenden, oder (falls ihr noch ein bisschen weiternähen möchtet) ihr nutzt sie gleich und verschönert damit euer Tuch.

MATERIALIEN

- Eine Leinenhose, am besten in Größe L, XL oder größer
- Bügeleisen
- Stoffschere
- Steck- oder Sicherheitsnadeln
- Maßband oder Lineal
- Auswaschbarer Textilmarker oder Schneiderkreide
- Sashiko-Garn
- Sashiko-Nadeln
- Stickschere oder Fadenabschneider
- Fingerhut (optional)

ABMESSUNGEN DES FERTIGEN STÜCKS

ca. 70 cm im Quadrat (je nach Ausgangsmaterial)

1

2

1 Wascht und trocknet die Hose, bügelt sie, falls nötig. Breitet sie auf eurer Arbeitsfläche aus. Schneidet den Bund, die Taschen und die Bündchen am Bein ab. Schneidet dann die Beine ab, so dass ihr zwei Stoffröhren erhaltet.

2 Schneidet die erste Stoffröhre entlang der Innenbeinnaht auf, so dass sie – aufgeklappt – die Form eines großen Rechtecks hat. Wiederholt das Gleiche mit dem zweiten Bein (die Teile werden in Schritt 4 bis 8 zu einem quadratischen Stück zusammengefügt).

3 Schneidet nun die Rechtecke auch an der ehemaligen Außenbeinnaht auf, so dass ihr anschließend vier Rechtecke aus Stoff erhaltet, die keine weiteren Nähte enthalten.

3

4

4 Legt die vier Stoffrechtecke, die ihr aus den Beinteilen erhalten habt, so nebeneinander, dass sie ein so großes Quadrat bilden, wir ihr es euch für den Schal wünscht (ca. 70 cm im Quadrat sind als Endmaß gut, wobei ihr noch je Naht ca. 4 cm an Nahtzugabe hinzurechnen müsst). Sollten die Stücke nicht alle die gleichen Kantenlängen aufweisen, müsst ihr ggf. noch abgeschnittene Teile hinzunehmen. Wenn ihr mehrere, auch kleinere Stücke anfügt, wird euer Schal einen hübschen Patchwork-Look bekommen. Drapiert die Stoffstücke, wie sie später zu einem Quadrat zusammenfinden sollen, und näht dann mit Kappnähten alle Stücke entsprechend der im Folgenden erklärten Schritte zusammen. Überlegt euch, in welcher Reihenfolge ihr die Stücke zusammennähen müsst, um immer gerade Kanten zu haben und nicht »um die Ecke« nähen zu müssen.

5 Für die Kappnähte legt ihr die ersten zwei Stoffstücke, die ihr zusammennähen wollt, übereinander, mit der linken Seite zueinander. Steckt sie zusammen. Ihr könnt mit einem Lineal und einem Textilstift eure Naht, etwa 8 mm von der gesteckten Kante entfernt, vorzeichnen, damit sie gerade wird.

6 Fädelt das Garn in die Nadel und verknotet es am langen Ende. Näht mit einem Reihstich die beiden Stücke parallel zu den Schnittkanten zusammen.

7 Faltet nun die beiden Stücke auseinander und legt sie mit der rechten Seite zueinander wieder zusammen. Bügelt die Kante. Ergänzt nun ca. 1,2 cm vom Rand entfernt eine zweite parallele Linie mit Reihstichen (ggf. vorzeichnen). Durch das vorherige Wenden sind die ehemals offenen Stoffkanten nun verborgen. Wichtig ist, dass die zweite Naht weiter vom Rand entfernt ist, als die Nahtzugabe der ersten Naht breit war.

8 Klappt den entstandenen Saum zu einer Seite, bügelt ihn und steckt ihn mit Stecknadeln fest. Steppt den Saum mit zwei parallelen Linien von Reihstichen an, so dass er flach liegen bleibt. Dies sind die dritte und vierte Naht zur Verbindung der beiden ersten Stoffstücke. Wiederholt die Schritte 5 bis 8 so oft, bis jedes Stoffstück mit den jeweils angrenzenden mit flachen Kappnähten verbunden ist.

7

8

9 Wenn ihr die Stücke zum gewünschten Quadrat zusammengenäht habt, faltet ihr die Außenränder um ca. 1,5 cm um, bügelt die Kante, klappt sie ein zweites Mal ein und bügelt erneut. Steckt den Saum fest und zeichnet euch, falls gewünscht, mit einem Textilstift eine gerade Linie vor, entlang derer ihr den Saum festnäht. Mit einem Reihstich näht ihr nun die Ränder des Schals um. Ihr habt es geschafft! Es sieht toll aus.

9

Projekt 19

Entschleunigter Leinenschal

Ein hübsches Leinentuch lässt sich vielseitig verwenden: Es dient im Sommer als Sonnenschutz oder als Überwurf gegen ein leichtes Frösteln und zu jeder Jahreszeit als Schal. Dieser Leinenschal ist fein genug für eine Sommerhochzeit, lässig genug für ein Grillfest im Garten, und ein verlässlicher Begleiter für jene Tage im Büro, an denen es dank Klimaanlage doch etwas frisch ist. Für Eltern von Kleinkindern erfüllt er auch den Zweck einer weichen Decke, wenn es im Sommer abends kühl wird und die Kleinen eine extra Schicht brauchen. Was gibt es Schöneres, als in diesen zärtlichen Tagen junger Elternschaft immer ein handgenähtes Tuch griffbereit zu haben?

MATERIALIEN

- Ein langärmliges Leinenhemd, am besten in Größe L, XL oder größer
- Bügeleisen
- Stoffschere
- Maßband oder Lineal
- Stecknadeln oder Sicherheitsnadeln
- Sashiko-Garn
- Sashiko-Nadeln
- Stickschere oder Fadenabschneider (optional)
- Auswaschbarer Textilmarker oder Schneiderkreide
- Fingerhut (optional)

ABMESSUNGEN DES FERTIGEN STÜCKS

ca. 40 × 180 cm

1

2

1 Wascht und trocknet das Hemd, bügelt es, falls nötig. Breitet es auf eurer Arbeitsfläche aus. Schneidet alle Knöpfe, Taschen und Etiketten ab.

2 Schneidet den Bereich unterhalb der Achseln quer ab, entfernt dann ggf. die Hemdzipfel, so dass nur noch ein langes Rechteck übrig ist. Schneidet die Knopfleiste ab und messt das Stoffstück aus. Dies ist eure Breite und zugleich euer längstes Stück Stoff. Legt es beiseite.

3 Schneidet vom oberen Hemdteil die beiden Ärmel ab, entfernt Manschette oder Bündchen und schneidet sie jeweils längs entlang der Naht auf. Legt sie beiseite. Entfernt am oberen Hemdteil Schulternähte und ggf. den Kragen. Die so erhaltenen Stücke werden an das lange Stoffstück genäht, um es zu verlängern, wie in Schritt 4 erklärt werden wird. Es gilt: Werft nichts weg, bevor ihr nicht fertig seid mit Nähen. Man weiß nie, ob man nicht doch noch irgendwo ein paar Zentimeter Stoff braucht.

3

4

4 Schneidet aus den ehemaligen Ärmeln, dem oberen Rückenbereich und den beiden vorderen Brustteilen Rechtecke von gleicher Breite zurecht, die aneinandergenäht werden können (hierfür müsst ihr evtl. erst einige der Stücke zusammennähen). Legt die Stoffstücke so zurecht, bis ihr mit der Länge des Schals zufrieden seid, er »schrumpft« allerdings durch jede Naht noch etwa 4 cm. Dieses Projekt funktioniert mit nur wenigen Stoffstücken oder auch mit einem Dutzend – ganz so, wie ihr möchtet oder die Leinenstücke des Hemdes es ermöglichen. Alle Stoffstücke werden mit Kappnähten miteinander verbunden. Eine jede muss vollständig ausgeführt werden, bevor die nächste begonnen werden kann. Steckt für die erste Kappnaht die beiden Stofflagen zusammen, mit der linken Seite zueinander. Fädelt das Garn in die Nadel, verknotet es am langen Ende und näht mit einem Reihstich (siehe Seite 41) – ggf. auf einer vorgezeichneten Linie – ca. 8 mm neben dem Rand entlang.

5

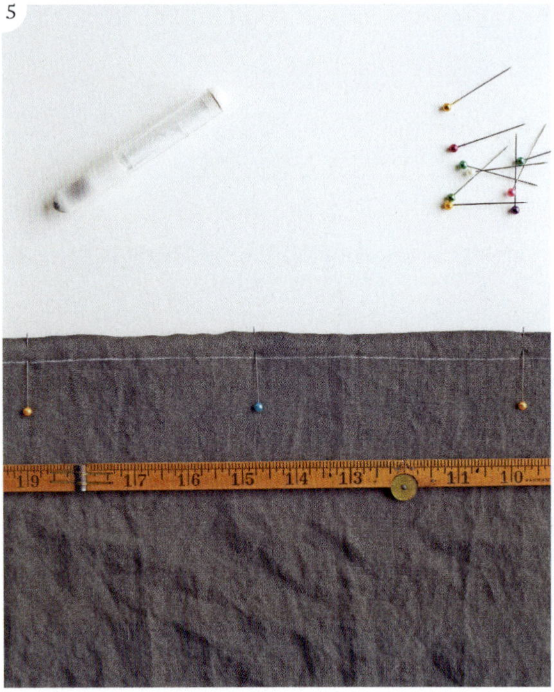

6

5 Faltet die beiden gerade zusammengenähten Stücke auseinander und legt sie mit der rechten Seite zueinander wieder zusammen. So kommen die offenen Kanten der ersten Naht zwischen den Schichten zum Liegen. Zeichnet eure zweite Naht ca. 1,2 cm vom Rand entfernt an und steckt die Stücke mit Stecknadeln zusammen.

6 Näht wieder mit einem Reihstich an der angezeichneten Linie entlang. Wichtig ist, dass die zweite Naht weiter vom Rand entfernt ist, damit die Nahtzugaben der ersten Naht vollständig darin eingenäht werden.

7 Faltet den Stoff auseinander und legt den Saum zu einer Seite um. Steckt ihn fest, damit er flach auf dem Stoff liegen bleibt. Näht mit zwei parallel verlaufenen Reihstich-Reihen den Saum fest. Wiederholt die Schritte 5 bis 7, bis alle Stoffstücke verbunden sind. Fügt ggf. weitere Stücke hinzu, bis ihr die gewünschte Schallänge erreicht habt.

7

8

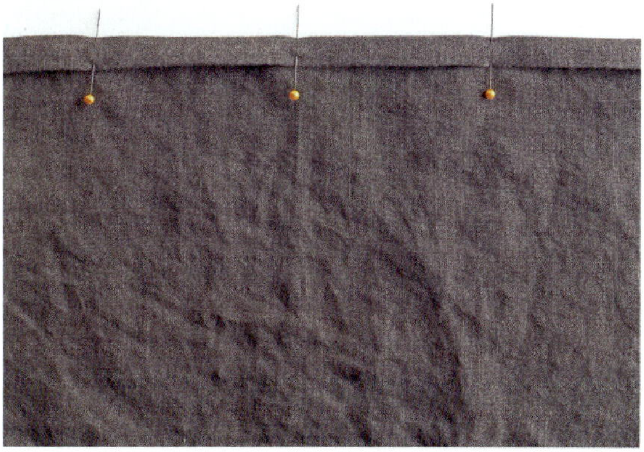

8 Wenn alle Stücke zusammengefügt und alle Kappnähte fertig sind, versäubert ihr die Außenkanten des Schals. Dazu schlagt ihr die Ränder erst ca. 6 mm und dann noch einmal um 1,3 cm ein, bügelt sie und steckt sie fest. Zeichnet eure Naht vor, wenn ihr möchtet.

9 Mit einem Reihstich finalisiert ihr den eingeschlagenen Saum. Verknotet und vernäht den Faden. Atmet tief ein. Bewundert euren magischen, neu entworfenen Schal.

9

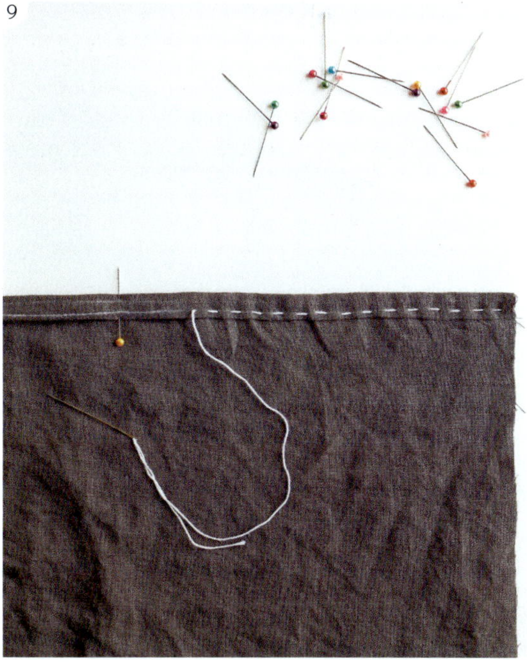

Projekt 20

Jeanstäschchen zum Umklappen

Man kann nie genügend Aufbewahrungsmöglichkeiten haben. Stickschere, Sashiko-Nadeln, Fingerhüte, Garne und Maßbänder lassen sich in einem Täschchen wunderbar verstauen. Kleine Taschen sind auch unheimlich praktisch, weil man sie in eine größere werfen kann und so Gegenstände wie Schlüssel, Handy, Lippenstift oder Kopfhörer leichter wiederfindet.

Ein dunkelblauer Jeansstoff bildet die Grundlage dieses Projekts. Als Detail wird er von einem weißem Jeansstoff ergänzt, der mit Avocadokernen rosa gefärbt wurde. Das Täschchen wird hier mit einem schlichten Holzknopf verschlossen, ihr könnt aber stattdessen auch einen Reißverschluss, einen Druckknopf oder eine Kordel nehmen.

MATERIALIEN

- Jeanshose, am besten in Größe L, XL oder größer (falls ihr mit unterschiedlichen Farben arbeiten wollt, zwei Hosen)
- Stoffschere
- Maßband oder Lineal
- Sashiko-Garn
- Sashiko-Nadeln
- Stickschere oder Fadenabschneider
- Fingerhut (optional)
- Spitzzange (optional)
- Falzbein (optional)
- Steck- oder Sicherheitsnadeln

ABMESSUNGEN DES FERTIGEN STÜCKS

ca. 20 cm breit, 30 cm hoch (geöffnet);
zugeklappt quadratisch: ca. 20 × 20 cm

1

2

1 Schneidet ein Hosenbein ab. Entfernt alle Nähte, so dass ihr zwei rechteckige Stoffstücke erhaltet – vom Vorder- und vom Hinterbein.

2 Zuerst werden beide Stoffstücke zu einem langen Rechteck (mit der Größe von etwa 55 × 25 cm, inkl. Nahtzugabe) miteinander verbunden. Wenn ihr ein kontrastierendes Stoffstück einsetzen möchtet oder eine andersfarbige Jeans, messt eure Stoffstücke aus, um den zweiten Stoff entsprechend den Rechtecken aus Schritt 1 zuzuschneiden. Wenn ihr das Täschchen aus mehreren Stoffstücken zusammensetzen wollt, fügt für jede Naht 2 cm Nahtzugabe hinzu. Falls ihr einen Knopf als Verschluss einsetzen möchtet, schneidet euch zusätzlich einen passenden Streifen (ca. 3–4 cm breit) für die Knopfschlaufe zu.

3

4

3 Alle horizontalen Verbindungen werden als Kappnähte gearbeitet. Dazu legt ihr jeweils zwei Stoffe aufeinander (mit der linken Seite zueinander), fädelt das Garn in die Nadel, verknotet es am langen Ende und näht mit einem Reihstich (siehe Seite 41) entlang der Kante, ca. 8 mm vom Rand entfernt. Vernäht den Faden, faltet die Stoffstücke vollständig um, so dass jetzt die rechten Seiten aufeinander liegen. Näht erneut mit einem Reihstich an der Kante entlang, diesmal ca. 1,2 mm vom Rand entfernt. Legt nun den Saum zu einer Seite und steppt ihn mit zwei parallelen Nahtlinien flach (siehe Foto). Falls der Stoff zu dick für den Reihstich ist, nehmt ihr den Vorstich (siehe Seite 40). Falls ihr Schwierigkeiten habt, durch mehrere Lagen zu nähen, nehmt einen Fingerhut zur Hilfe, um die Nadel durch den Stoff zu schieben, und eine Spitzzange, um sie wieder herauszuziehen.

4 Wenn das Rechteck komplett ist und alle Teile mit Kappnähten verbunden sind, faltet ihr es so zur Mitte zusammen, dass die beiden kurzen Seiten aufeinander liegen, und zwar mit den linken Seiten zueinander. Steckt die Kanten zusammen und näht mit einem Reihstich die beiden Außenseiten ca. 8 mm von der Kante entfernt zusammen (die obere Seite lasst ihr offen). Es werden wieder Kappnähte gearbeitet.

5 Nach den beiden Reihstichnähten links und rechts aus Schritt 4 wendet ihr die Tasche, so dass nun die rechten Seiten innen liegen. Ihr könnt ein Falzbein oder einen Stift benutzen, um die Ecken schön herauszudrücken, bevor ihr die zweiten Nähte setzt. Wiederholt die Reihstiche an beiden Rändern, jetzt ca. 1,2 cm weiter davon entfernt, um die Kappnaht zu schaffen, in der alle unversäuberten Ränder aus dem vorherigen Arbeitsschritt verschwinden.

6 Schlagt den oberen Rand der Tasche zwei Mal parallel ein und steckt ihn fest. Näht mit einem Reihstich oder, falls das Material zu dick ist, mit einem Vorstich den Saum fest. Wendet die Tasche. Faltet den schmalen Stoffstreifen für die Knopfschlaufe in Viertel und fixiert die gefalteten Stoffschichten mit einer Reihstichlinie. Messt die Länge der benötigten Knopfschlaufe aus und näht Schlaufe und Knopf an der gewünschten Stelle an die Tasche.
Viel Spaß damit!

KLEIDUNG ALS POSITIVE VERÄNDERUNG

»Als ich Anfang zwanzig war, lebte ich in Indien. Dort erfuhr ich, dass Gandhi in einem erfolgreichen Versuch, die Briten zu boykottieren und die Kontrolle über das Land wiederzuerlangen, eine Heimarbeits-Industrie geschaffen hatte, in der die Menschen Baumwolle spannen und ihre Stoffe selbst webten. Stoff kann sehr mächtig sein: Man kann sich damit Macht zurückerobern und soziale Gerechtigkeit erreichen. Dann lernte ich, dass man mit Pflanzen färben kann. Inspiriert von natürlichen Farbstoffen fing ich an, Bauern zu treffen, die Materialien zur Herstellung von Stoffen und Farben anbauen. Ich fragte mich: Wie können wir Textilien in Einklang mit einer gesunden Welt schaffen?

Ich gründete ›A Verb for Keeping Warm‹ als Bezugsquelle für Garne, Stoffe und Farben von transparenter Herkunft, als einen Ort, an dem Menschen lernen können, wie sie diese Materialien verwenden können, und als Hafen für eine Gemeinschaft, in der man sich gegenseitig auf dem Weg zu einer selbstgemachten Garderobe unterstützt. Wenn ich Garne oder Stoffe verwende, die aus Materialien von dem Hof in meiner Nähe hergestellt wurden, fühlt sich das für mich richtig an. Ich unterstütze die Betreiber:innen, weil ich weiß, wie sie arbeiten, und dass sie mit der Erde fair und nachhaltig umgehen. Kleidung kann Veränderungen zum Positiven bewirken.«

KRISTINE VEJAR
A Verb for Keeping Warm

Projekt 21

Einfacher Einkaufsbeutel aus Jeansstoff

Stoffbeutel sind vielleicht eines der nützlichsten Accessoires des 21. Jahrhunderts. Man kann sie wunderbar im Handschuhfach, im Fahrradkorb oder im Rucksack verstauen und sie mit zum Einkaufen auf den Bauernmarkt nehmen. Wenn ihr keine Lust mehr habt, Werbelogos auf euren Taschen herumzutragen, könnt ihr euch aus einer abgelegten Jeans einen eigenen Beutel nähen. Dieser Jeansbeutel ist schlicht genug für alltägliche Besorgungen, doch dank der hübschen Nähte könnt ihr ihn auch als Schultertasche verwenden. Natürlich ist er außerdem bestens geeignet, um Flieder aus dem Garten ins Haus zu tragen.

MATERIALIEN

- Jeanshose mit weitem Bein, am besten in Größe M, L oder größer
- Stoffschere
- Maßband oder Lineal
- Auswaschbarer Textilmarker oder Schneiderkreide
- Steck- oder Sicherheitsnadeln
- Sashiko-Garn
- Sashiko-Nadeln
- Stickschere oder Fadenabschneider (optional)
- Bügeleisen
- Fingerhut (optional)
- Spitzzange (optional)
- Falzbein (optional)

ABMESSUNGEN DES FERTIGEN STÜCKS

ca. 40 × 33 cm ohne Henkel

1

2

1 Schneidet die Hosenbeine ab. Eines davon wird später der Taschenkorpus, aus dem anderen entstehen die Henkel. Schneidet für die Tasche das erste Bein entlang der Innenbeinnaht auf, für die Henkel das zweite an der Beininnen- und -außennaht. Entfernt an allen Stücken den Saum. Begradigt das große Rechteck für den Taschenkorpus, so dass es symmetrisch ist. Dazu nehmt ihr am besten ein Maßband und einen Textilstift zur Hilfe.

2 Faltet das Bein für den Beutel in der Mitte (mit der linken Seite nach innen) und steckt die Ränder für die Seitensäume der Tasche zusammen. Fädelt das Garn in die Nadel, verknotet es am langen Ende und näht ca. 8 mm vom Rand entfernt die erste Seite mit einem Reihstich zusammen (siehe Seite 41). Wiederholt das Ganze auf der anderen Seite. Dies sind nun die ersten Säume einer Kappnaht.

3

4

3 Wendet den Stoff, so dass die rechten Seiten innen liegen. 1,5 cm vom Rand entfernt zeichnet ihr nun jeweils eine Linie mit dem Textilstift, die ihr dann mit einem Reihstich, oder, falls der gefaltete Jeansstoff zu fest ist, mit einem Vorstich (siehe Seite 40) entlang näht. Wendet die Tasche erneut, so dass die rechte Stoffseite wieder außen ist.

4 Für den Saum am Tascheneingriff schlagt ihr den oberen Rand der Tasche erst um 6 mm und dann noch einmal um 1,3 cm ein und bügelt nötigenfalls darüber. Steckt ihn fest und näht den Saum mit einem Reih- oder Vorstich um. Falls ihr mit dem mehrlagigen Jeansstoff Schwierigkeiten habt, verwendet einen Fingerhut, um die Nadel in den Stoff zu schieben, und eine Zange, um sie wieder herauszuziehen. Habt ihr den Saum ringsherum abgesteppt, ist der Taschenbeutel schon fertig.

5

6

5 Schneidet aus dem anderen Hosenbein zwei lange Streifen von etwa 17 × 75 cm für die Henkel zu.

6 Faltet den ersten Streifen der Länge nach zur Mitte (mit der rechten Seite nach innen) und zeichnet euch etwa 1,5 cm vom Rand entfernt eine Linie mit dem Textilstift vor. Auf dieser Linie näht ihr mit einem Reihstich entlang. Wiederholt das Gleiche mit dem zweiten Streifen.

7 Legt den Saum um und näht ihn ggf. mit einem Reihstich etwa 6 mm vom Rand entfernt fest, damit die Nahtzugabe flacher liegt. Diese Stiche werden später an der Innenseite des Henkels zu sehen sein. Wählt also die Garnfarbe je nach Wunsch Ton in Ton oder absichtlich kontrastierend. Denkt daran, dass ihr den Henkel noch wenden möchtet, achtet also darauf, dass ihr nicht aus Versehen die beiden Seiten zusammennäht. Ihr könnt zum Beispiel ein Lineal in den Schlauch schieben, um dies zu verhindern.

8 Bügelt die Henkel und wendet sie, so dass die rechte Seite außen ist. Schlagt die Enden an beiden Seiten jeweils um 1,5 cm ein und steckt die Henkel mit Stecknadeln an den Beutel. Beim Annähen der Henkel versäubert ihr gleichzeitig auch die Enden. Achtet darauf, dass die Henkel nach dem Feststecken gleich lang sind.

7

8

9 Zeichnet euch am Ende jedes Henkels ein Rechteck mit einem Abstand von etwa 6 mm zu den Rändern an. Zeichnet diagonale Linien durch das Rechteck. Entlang dieser Linien steppt ihr die Henkel auf die Tasche. Dazu verwendet ihr einen Vorstich – und haltet euren Fingerhut und die Spitzzange bereit: Durch mehrere Lagen von Jeansstoff zu kommen ist mit bloßen Händen ziemlich schwer. Jetzt pflückt ihr einen Arm voll Flieder für euren neuen Jeansbeutel.

9

Projekt 22

Übergroße Arbeitsmappe aus Jeans

Übergroße Kunstmappen haben einen ganz eigenen Chic, und sie sind unglaublich nützlich, wenn man große Drucke, Druckbögen oder andere leichte, aber große Materialien transportieren muss. Die Ausmaße sind einfach herrlich übertrieben. Die Tasche will gar nicht erst so tun, als hätte sie eine Standardgröße; sie nimmt gerne etwas mehr Platz ein und bietet Stauraum für alle Papierliebhaber:innen. Alle Säume sind mit Baumwollgarn handgenäht, sie sind daher nicht so robust wie maschinengenähte. Beladet also den Beutel nicht zu voll, um die horizontalen Säume nicht mit zu viel Gewicht zu strapazieren. Diese Portfolio-Tasche wird euch bei eurem nächsten Termin in der Galerie einen extra Schwung verleihen.

MATERIALIEN

- Zwei Jeanshosen mit weitem Bein, am besten in Größe M, L oder größer
- Stoffschere
- Maßband oder Lineal
- Steck- oder Sicherheitsnadeln
- Auswaschbarer Textilmarker oder Schneiderkreide
- Sashiko-Garn
- Sashiko-Nadeln
- Stickschere oder Fadenabschneider
- Fingerhut (optional)
- Spitzzange (optional)
- Falzbein (optional)

ABMESSUNGEN DES FERTIGEN STÜCKS

ca. 66 × 50 cm ohne Henkel

1

2

1 Schneidet die Hosenbeine von beiden Jeans ab, öffnet die Beine, indem ihr alle Seitennähte abschneidet und die Bündchen entfernt. Die entstandenen Rechtecke werden für den Taschenkorpus und die Henkel der Tasche verwendet. Legt zwei Streifen für die Henkel beiseite. Schneidet alle anderen Rechtecke symmetrisch auf die gleiche Form zu (messt sicherheitshalber nach), indem ihr eine einheitliche Breite bestimmt.

2 Alle Nähte werden als Kappnähte gearbeitet. Steckt hierfür zwei Streifen zusammen (mit der linken Seiten zueinander) und zeichnet euch mit dem Textilstift eine Linie parallel zum Rand in ca. 8 mm Entfernung vor. Fädelt das Garn in die Nadel, verknotet es am langen Ende und näht mit einem Reihstich (siehe Seite 41), oder, falls das doppelt gelegte Material zu dick ist, mit einem Vorstich (siehe Seite 40) auf eurer vorgezeichneten Linie entlang.

3 Faltet die zusammengenähten Teile an der Naht auseinander, wendet sie, so dass jetzt die rechten Seiten aufeinander liegen, und steckt sie zusammen. Markiert euch im Abstand von ca. 1,2 cm vom Rand eine Linie und näht mit einem Reihstich darauf entlang. Wiederholt die Schritte 2 und 3 bei allen sechs Streifen, so dass ein zusammenhängendes Rechteck aus Jeansstoff entsteht.

4 Wenn alle Streifen verbunden sind, schließt ihr die Seitennähte des großen Beutels. Zuerst faltet ihr dafür den gepatchten Stoff mit der linken Seite in der Mitte zusammen, steckt die Ränder fest und näht sie ca. 8 mm vom Rand entfernt mit einem Reihstich zusammen. Dann stülpt ihr die Tasche um, so dass jetzt die rechten Seiten innen liegen, und setzt 1,3 cm vom Rand eine zweite Reihstichlinie, um die Kappnaht zu vervollständigen. Wendet den Taschenbeutel, schlagt den oberen Rand zweimal um, bügelt und steckt ihn fest. Näht mit einem Reihstich den Saum fest.

5

6

5 Jetzt, wo der Korpus der Tasche fertig ist, macht ihr aus den beiden übrigen Streifen die Henkel. Dazu faltet ihr den ersten Streifen der Länge nach zur Mitte (rechte Seite zueinander), steckt ihn zusammen und näht ca. 1,2 cm vom Rand entfernt mit einem Reihstich den Streifen zusammen.

6 Verschiebt die Naht so, dass sie in der Mitte auf dem Streifen zu liegen kommt (siehe Foto), bügelt den Henkel und klappt dabei die Nahtzugabe zu einer Seite. (Optional: Steppt die umgelegte Nahtzugabe fest, damit der Saum schön flach bleibt. Dazu näht ihr 6 mm von den Schnittkanten entfernt neben der ersten Naht entlang. Achtet dabei darauf, dass ihr die Rückseite des Henkels nicht mitgreift – eine Hilfe kann sein, ein Lineal in den Stoffschlauch zu schieben. Diese Naht wird später außen am Henkel sichtbar sein. Falls ihr es lieber unauffällig mögt, nehmt ihr hierfür also Garn in der Farbe der Tasche.) Wendet nun den Träger. Wiederholt die Schritte 5 und 6 mit dem zweiten Henkel.

7 Stülpt den ersten Henkel um, so dass nun die rechte Seite außen ist. Faltet die Ränder um 1,3 cm ein und steckt ihn an den Taschenkorpus an. Dazu messt ihr die Stellen so aus, dass die Henkel an beiden Taschenseiten parallel angebracht werden. Die eingeschlagenen Ränder werden beim Festnähen des Henkels mit umgenäht.

8 Zeichnet euch auf die angesteckten Henkel, etwa 6 mm vom Rand entfernt, ein Quadrat an, wahlweise könnt ihr auch zwei diagonale Linien durch die Mitte ziehen. An diesen Linien entlang näht ihr den Henkel auf der Tasche fest. Wenn ihr Schwierigkeiten habt, durch die vielen Stofflangen zu dringen, helft euch mit dem Fingerhut und der Spitzzange.

Wiederholt dieses Vorgehen mit dem zweiten Henkel. Jetzt schaut euch das an! Ihr habt eine richtig coole Mappe für richtig coole Kunst hergestellt!

SLOW FASHION IST EINE REVOLUTION

In ihrem Buch *Hope in the Dark* beschreibt die Autorin und Aktivistin Rebecca Solnit die Evolution von Aktivismus und nachhaltiger Veränderung. Obwohl die Anfänge einer Bewegung, wie sie feststellt, oft unbemerkt und sogar undokumentiert vor sich gehen, bilden ihre Handlungen und neuen Denkweisen die Grundlage für sich zusammenbrauende Veränderungen; wie bei Pflanzen, deren Wurzeln zunächst unsichtbar unter der Erde wachsen, bevor das Grün aus dem Boden sprießt.

Ich glaube, die Slow-Fashion-Bewegung befindet sich gerade an diesem Punkt: Die Wurzeln haben sich schon vor Jahrzehnten mit den frühen Designer:innen von ökologischer Mode gebildet, mit deren Wiederentdeckung von robusten Ledersandalen und schlichter Kleidung aus Hanf oder Bio-Baumwolle. Auch wenn diese Ästhetik damals nicht den Mainstream-Geschmack traf, brachte sie doch ein Nachdenken über die Herkunft von Stoffen und umweltfreundliche, nachhaltige Alternativen in Gang. Nachhaltigkeit wird heute interdisziplinär verhandelt, nicht nur in Kunst und Design, sondern auch in Politik und Wirtschaft. Nun befinden wir uns an dem Punkt, an dem die Pflanze aus dem Boden sprießt und ihre wunderbaren Halme und Blätter zeigt: Die Blüte steht noch aus, doch die Bewegung wird jeden Tag stärker. Ähnlich wie die frühe Slow-Food-Bewegung gewinnt die Slow-Fashion-Bewegung international an Bedeutung, indem sie sich nicht allein auf den Widerstand gegen die Fast Fashion konzentriert, sondern ein eigenes Ethos mit kulturellen und regionalen Variationen herausbildet und ästhetische Lösungen für ethische und ökologische Dilemmata bietet.

Bei meinem *Make Thrift Mend*-Projekt und meiner langjährigen Arbeit mit Reparaturen und Slow Fashion stieß ich auf ein Netzwerk von Künstler:innen, Designer:innen und Fürsprecher:innen — Menschen, die sich leidenschaftlich und teilweise schon ihr ganzes Leben für nachhaltige Mode engagieren. Als ich mit dem Modefasten anfing, befürchtete ich, dass mir das Stöbern in den Kaufhäusern und Boutiquen, die Schnitte und Farben der neuen Kollektionen fehlen würden. Doch so kam es nicht. Was mir wirklich gefehlt hatte, waren Eigenständigkeit, verbesserte Reparaturtechniken, qualitativ hochwertige Basics, der Bezug zu meiner Garderobe und zu einer engagierten Mode-Community.

Als ich 2013 mit *Make Thrift Mend* anfing, war es schwierig, Unterwäsche, Socken, Schuhe, Sport-, Badebekleidung und warme Oberbekleidung gebraucht, handgefertigt oder fair produziert zu bekommen. Heute sind Socken und Leggins in Bioqualität, fair produzierte Mäntel, Schuhe und Badebekleidung weitgehend verfügbar. Dass sich diese Entwicklung innerhalb weniger Jahre vollzogen hat, zeigt für mich, dass ein zunehmendes Interesse besteht, unsere Garderobe mit unserer Sorge um die Menschen und unseren Planeten in Einklang zu bringen, und dass faire Mode eine Zukunft hat.

Es gibt immer mehr unabhängige Modedesigner:innen, die sich über nachhaltige und faire Mode Gedanken machen. Durch die Sozialen Medien und das Teilen von Ressourcen und Informationen unter Slow-Fashion-Begeisterten haben wir heute Zugang zu mehr ethisch produzierenden Marken als je zuvor. Diese neuen Modelabels arbeiten nicht zwangsläufig wie traditionelle Modefirmen — einige haben Lieferzeiten von mehreren Wochen, da sie weniger Angestellte haben, Stoffe in kleineren Mengen ordern und nur auf Bestellung produzieren, weil sie es sich nicht leisten können, Kleidung herzustellen, die dann nutzlos bei ihnen herumliegt.

Andere Designer:innen verweigern sich den Saisonzyklen der kommerziellen Mode; einige bringen vielleicht nur eine einzige Kollektion heraus, zu der sie jedes Jahr wenige neue Stücke entwerfen. Bei diesen Labels besteht ein Bezug zu den Designer:innen, Produzent:innen, Näher:innen und vielleicht sogar Verpacker:innen, der befriedigender ist als das Einkaufen bei großen Ketten. Handgeschriebene Danksagungen, nachhaltige Verpackungen, persönlicher Email-Kontakt und Anerkennung über die Sozialen Medien sind hier Teil der Norm. Manchmal werden die Produzent:innen und kleine Teams prominent auf der Website vorgestellt, so dass wir die Männer und Frauen sehen können, die unsere Kleidung produzieren; andere stellen die Konsument:innen in den Vordergrund: wie sie die Kleidung kombinieren oder wie die Stücke unterschiedlichen Figurtypen passen.

Wir haben viele Möglichkeiten, unser Verhältnis zu unserer Kleidung zu verbessern: indem wir selbstgemachte oder fair produzierte Kleidung kaufen, uns für hochwertige und ökologische Materialien von Herstellern aus der Region oder von unabhängigen Geschäften entscheiden, Secondhand-Kleidung bevorzugen und reparieren, was wir schon besitzen. Darüber hinaus haben wir viele Möglichkeiten, uns mit der Slow-Fashion-Community zu verbinden, online wie offline: Es gibt Webseiten, auf denen die Nachhaltigkeitspraktiken und Herstellungsbedingungen verschiedener Marken bewertet werden, Seiten zum Kleidertausch, zum Kaufen und Verkaufen gebrauchter Kleidung. Aktivist:innen organisieren regelmäßig Events in den Sozialen Medien, bei denen ihr eure selbstgemachten Teile vorstellen oder Firmen fragen könnt, wer eure Kleidung hergestellt hat, Aktionen, bei denen ihr Bilder nach Tages- oder Wochenmottos hochladen könnt. Mit Hashtags können wir uns heute international mit Gleichgesinnten vernetzen und Bilder,

Artikel, Bezugsquellen, Links oder anderweitige Unterstützung zum Thema Slow Fashion teilen.

Die Slow-Fashion-Bewegung ähnelt in vielerlei Hinsicht der Slow-Food-Bewegung: die Rückkehr zu lokal hergestellten Lebensmitteln oder Kleidung, das Selbernähen und Selberkochen, der Anbau von Pflanzen zum Färben im eigenen Garten und selbstgezogenes Gemüse. Beiden gemeinsam ist auch eine Sensibilität gegenüber den Folgen der Marktglobalisierung, die Unterstützung unabhängiger Köch:innen oder Designer:innen, die Präferenz von Bioprodukten und die grundsätzliche Erkenntnis, dass billiger nicht zwangsläufig besser ist. Anders als beim Slow Food hat sich die Auffassung, dass lokale und ökologische Erzeugnisse besser für die Umwelt und die Gesundheit sind, in der Mode noch nicht ganz durchgesetzt, aber wir sind auf einem guten Weg dorthin. Was mir an der Slow-Fashion-Bewegung gefällt, ist, dass sie verschiedene Zugänge erlaubt, je nach Budget, Lebensstil, Beruf, Ästhetik, Kultur und Geografie. Wir müssen nur offen dafür sein.

Es gibt nicht nur einen Weg voran. Slow Fashion ist nicht das Ziel, sondern der Weg. Die Bewegung muss weiterhin von den Rändern her arbeiten, sie muss vielfältige Stimmen, Perspektiven und Prioritäten zulassen, um mit noch mehr Akteur:innen die verschiedensten Bedürfnisse zu bedienen. Es gibt unzählige Möglichkeiten, sich jenseits von neuen Klamotten mit sinnvoller Mode zu befassen: Ihr könnt mit natürlichen Farbstoffen experimentieren, alte Kleidung in neue Accessoires verwandeln, einen Kleidertausch veranstalten, euch mit Stoffhersteller:innen in der Nähe vertraut machen, einer Gruppe von Aktivist:innen beitreten, an Social-Media-Aktivitäten teilnehmen, Bücher und Blogs lesen, eine Nähgruppe organisieren — und natürlich: eure Kleidung reparieren.

Wenn wir uns einig sind, dass die Trias des menschlichen Überlebens aus Nahrung, Kleidung und Unterkunft besteht, dann müssen wir anerkennen, dass zumindest die ersten beiden Bedürfnisse auf dem Weg zur Nachhaltigkeit sind: Es gibt Wochenmärkte, Lebensmittel-Genossenschaften, Gemeinschaftsgärten, Hinterhof-Gemüsezuchten, Hühnerhaltungen, Imkereien, Bioregale im Supermarkt, Internetseiten, Bücher und Zeitschriften, die sich nur um die Aufzucht, Ernte und die Förderung von gesundem Essen drehen. Wir haben auch diverse Möglichkeiten, nachhaltig zu bauen, etwa mit Solarpaneelen auf dem Dach, energieeffizienten Geräten, recycelten Baustoffen oder durch Zertifizierungen für ökologisches Bauen. Doch bei Kleidung ist das nachhaltige Denken noch nicht im Mainstream verankert. Vielleicht liegt es, wie Elizabeth Cline (die Autorin von *Overdressed: The Shockingly High Cost of Cheap Fashion*) meint, daran, dass die gesundheitlichen Vorteile gesunder Ernährung und die finanziellen Vorteile nachhaltigen Bauens — niedrigere Energiekosten und eine insgesamt höhere Effizienz — auf der Hand liegen.

Ich glaube jedoch, dass auch die emotionalen Vorteile und langfristigen Einsparungen bei Slow Fashion Faktoren sind, die bei der Entscheidung für eine nachhaltige Garderobe in Betracht gezogen werden sollten — ganz zu schweigen von der besseren Behandlung von Näher:innen und Stoffproduzent:innen und der Reduzierung von Giften und Schadstoffen. Und vergessen wir nicht die unzähligen Vorteile wie Selbstentfaltung, Selbstbewusstsein, Achtsamkeit, Eigenständigkeit, Freude, Sinnstiftung und Beziehungen, die in der Slow Fashion schlummern. Die Bewegung steht für einen absichtsvollen, nachhaltigen und menschenrechtsorientierten Ansatz, doch sie bietet auch die Chance auf Glück und Authentizität. Diese Einstellung hat sich in alternativen und unabhängigen Modekreisen bereits fest etabliert, und ich glaube, dass sie sich auch im Mainstream immer mehr durchsetzt. Um noch einmal auf Solnits Bild zurückzukommen, hat sich das unterirdische Wurzelgeflecht bereits gebildet, und die Stämme, Blätter und Blüten fangen gerade an, sich zu zeigen. Bald werden wir eine wilde und vielfältige Blüte von fairer Mode erleben.

Die Slow-Fashion-Revolution ist überall um uns herum. Erschöpft von der »Trendmühle« der Fast Fashion suchen wir neue Wege, unsere Macht als Konsument:innen auszuüben. Wir brauchen Geschichten. Wir brauchen Intimität. Wir brauchen Bedeutung. Und wir brauchen Bezug. Wir suchen den Bezug zu den Kleidern, die wir bereits besitzen, indem wir reparieren, färben oder anderweitig aufarbeiten, was uns ans Herz gewachsen ist. Wir suchen den Bezug in den Kleidern, die wir kaufen, indem wir uns über die ethischen Prinzipien und Arbeitsbedingungen der Produzent:innen oder die Auswirkung der Materialien auf die Umwelt informieren. Und wir suchen den Bezug zu einer Gemeinschaft von Gleichgesinnten, die sich gegenseitig Mut machen und unterstützen, die ihr Wissen teilen und uns ermutigen, unseren Weg in der nachhaltigen Mode weiterzugehen.

Ich freue mich darauf, diesen Weg mit euch zusammen zu gehen. Slow Fashion hat die Macht, Leben zu verändern und mit einem tieferen Sinn zu bereichern. Schnappen wir uns Nadel und Faden, und dann fangen wir an zu flicken. Es gibt viel zu tun. Und, wie meine Mutter immer sagt: »Viele Hände erleichtern die Arbeit.« Also erleichtern wir uns gemeinsam die Arbeit und nehmen uns vor: eine Jeans nach der anderen.

DIE SUPERKRAFT DES NÄHENS

»Was ich am meisten daran liebe, anderen das Nähen und Schnittmuster entwerfen beizubringen, ist, dass ich dabei das Gefühl habe, meinen Schüler:innen eine Superkraft zu verleihen: ihre eigenen Kleider herstellen zu können. Die Kleidung, die es im Laden — auch im Secondhand-Laden — zu kaufen gibt, kann uns in Hinsicht auf Stil, Passgenauigkeit, Preis, Moral und Umweltfreundlichkeit nicht immer zufriedenstellen. Wenn wir uns selbst die Kraft verleihen, unsere eigene Kleidung selbst zu nähen, können wir Dinge tragen, die uns nicht nur passen, sondern auch unsere Meinungen zum Ausdruck bringen und unterstützen.«

CAL PATCH
Hodge Podge Farm

QUELLEN

BEITRAGENDE KÜNSTLER:INNEN

Cal Patch, calpatch.com
India Flint, indiaflint.com
Jen Hewett, jenhewett.com
Jessica Lewis Stevens, sugarhouseworkshop.com
Karen Templer, fringeassociation.com
Kristine Vejar, averbforkeepingwarm.com
Matt Rho, instagram.com/rhomatt
Rebecca Burgess, fibershed.com
Samantha Hoyt Lindgren, agatheringofstitches.com
Sasha Duerr, sashaduerr.com
Sonya Philip, 100actsofsewing.com
Tom van Deijnen, tomofholland.com

WEITERFÜHRENDE LITERATUR

Alabama Stitch Book: Projects and Stories Celebrating Hand-Sewing, Quilting, and Embroidery for Contemporary Sustainable Style, Natalie Chanin
Alabama Studio Sewing + Design: A Guide to Hand-Sewing an Alabama Chanin Wardrobe, Natalie Chanin
Alabama Studio Sewing Patterns: A Guide to Customizing a Hand-Stitched Alabama Chanin Wardrobe, Natalie Chanin
Alabama Studio Style: More Projects, Recipes, & Stories Celebrating Sustainable Fashion & Living, Natalie Chanin
Boro: Rags and Tatters from the Far North of Japan, Yukiko Koide and Kyoichi Tsuzuki
Botanical Colour at Your Fingertips, Rebecca Desnos
Cut-Up-Couture: Auftrennen — Schneiden — neu designen, Koko Yamase
Design-It-Yourself Clothes: Patternmaking Simplified, Cal Patch
Eco Colour: Botanical Dyes for Beautiful Textiles, India Flint
EcoFashion, Sass Brown
Fashion and Sustainability: Design for Change, Kate Fletcher and Lynda Grose
Folk Fashion: Understanding Homemade Clothes, Amy Twigger Holroyd
Harvesting Color: How to Find Plants and Make Natural Dyes, Rebecca Burgess
Make Do and Mend, Hugh Dalton
Naked Fashion: The New Sustainable Fashion Revolution, Safia Minney
Natural Color: Vibrant Plant Dye Projects for Your Home and Wardrobe, Sasha Duerr
Overdressed: The Shockingly High Cost of Cheap Fashion, Elizabeth Cline
Print, Pattern, Sew, Jen Hewett
ReFashioned: Cutting-Edge Clothing from Upcycled Materials, Sass Brown
Scraps: Fashion, Textiles, and Creative Reuse, Cooper Hewitt
Second Skin: Choosing and Caring for Textiles and Clothing, India Flint
Slow Fashion: Aesthetics Meets Ethics, Safia Minney
Slow Knitting: A Journey from Sheep to Skein to Stitch, Hanna Thiessen
Slow Stitch: Mindful and Contemplative Textile Art, Claire Wellesley-Smith
Sustainable Fashion and Textiles: Design Journeys, Kate Fletcher
The Geometry of Hand-Sewing, Natalie Chamin
The Modern Natural Dyer: A Comprehensive Guide to Dyeing Silk, Wool, Linen, and Cotton at Home, Kristine Vejar
Wabi-Sabi für Künstler, Architekten und Designer Leonard Koren
Wabi-Sabi. Woher? Wohin? Weiterführende Gedanken Leonard Koren
Wild Color: The Complete Guide to Making and Using Natural Dyes, Jenny Dean
Wardrobe Crisis, Clare Press
Worn Stories, Emily Spivack

AUSGEWÄHLTE MODE-ORGANISATIONEN UND INFORMATIONSQUELLEN

Alabama Chanin, School of Craft
Brooklyn Fashion + Design Accelerator
Craft of Use
Centre for Sustainable Fashion
Eileen Fischer Renew
Ethical Fashion Forum
Fashion Revolution
Fibershed
Local Wisdom
People Tree UK
Patagonia's Worn Wear
Tatter Blue Library

NÄHZUBEHÖR FINDET IHR IN STOFFGESCHÄFTEN IN EURER NÄHE ODER BEI GROSSEN HANDARBEITSKETTEN. HIER SIND EINIGE MEINER LIEBSTEN BEZUGSQUELLEN:

A Verb for Keeping Warm
Botanical Colors
Brooklyn General Store
Dharma Trading Company
Fancy Tiger Crafts
French General
Fringe Supply Co.
Gather Here
Organic Cotton Plus
Purl Soho
Shibori Dragon
Sri Threads
Stone Mountain & Daughter

FRAGEN & ANTWORTEN

Welches Garn verwendest du?

Zum Flicken von Jeans verwende ich Sashiko-Garn aus 100 Prozent Baumwolle, für Seide Seidengarn und für Leinen manchmal Leinengarn. Meistens benutze ich jedoch Sashiko-Garn. Mehr dazu findet sich im 2. Kapitel.

Kann ich auch ein anderes Garn nehmen?

Ja. Dies sind nur meine Lieblingsmaterialien entsprechend meinen persönlichen Erfahrungen. Zugegeben, ein Garn aus Synthetik oder einem Synthetik-Baumwoll-Gemisch wäre wahrscheinlich haltbarer, doch ich habe mich für Materialien entschieden, die zu 100% biologisch abbaubar sind. Außerdem fühlt sich Sashiko-Garn auf der Haut angenehm weich an.

Verwendest du Bügelflicken?

Nein. Ich verwende selbst hergestellte Flicken, deren Stoff dem des Kleidungsstücks ähnelt, das ich repariere: Jeansflicken für Jeansstoff, Leinenflicken (mit versäuberten Rändern) für Leinen und Seidenflicken (mit umgebügelten Rändern) für Seide.

Nutzt du einen Stickrahmen?

Nein, ich verwende keine Rahmen. Mehr zu meinen Techniken findet sich in den Projekten 4 bis 8.

Kann ich auch andere Stoffe als Denim flicken?

Ja, wobei für gewirkte Stoffe wie Baumwolljersey elastische Stiche besser geeignet sind. Auf Seite 29 findet sich mehr zu Strick, zu Seide siehe Seite 153 und zu Leinen die Seiten 68, 100, 160, 178 und 184.

Wohin kommt der Flicken?

Wenn ihr den Flicken sehen wollt, wird er von außen auf das Loch appliziert, wie bei den Projekten im 4. Kapitel. Wenn ihr ihn nicht sehen wollt, legt ihr ihn von innen unter das Loch und stickt zur Verstärkung darüber. Im 5. bis 7. Kapitel finden sich diverse Projekte mit Innenflicken.

Wie repariere ich den Schritt meiner Hose?

Das zeige ich auf Seite 129.

Warum ist meine Reparatur so schnell wieder kaputtgegangen?

Das hat meistens zwei Gründe: Entweder war der Flicken zu klein, oder ihr habt versucht, den Stoff über dem Loch zusammenzuziehen. Wenn ihr Löcher repariert, achtet darauf, dass ihr auch den verschlissenen, gerissenen oder beschädigten Bereich um die Löcher herum flickt. Versucht nicht, die Löcher zu verschließen, indem ihr die Ränder zusammenzieht, sondern lasst genügend Platz, dass sie flach auf bzw. unter dem Flicken liegen können.

Ist mein Kleidungsstück zu kaputt für eine Reparatur?

Das ist eure Entscheidung. Es gilt nur: Je größer der Schaden, desto zeitintensiver ist die Reparatur.

Was soll ich mit Kleidern machen, die mir nicht mehr passen oder die ich nicht mehr reparieren will?

Das liegt ganz bei euch. Erhebliche Beschädigungen verlangen meist einfach nur zeitaufwendigere Reparaturen. Wenn die Kleider noch in gutem Zustand sind, könnt ihr sie spenden, verschenken, tauschen oder verkaufen. Wenn ihr den Stoff zu etwas anderem umarbeiten wollt, versucht es mit einem der Projekte im 8. Kapitel.

Wo kaufst du dein Zubehör?

Ich habe einige meiner Lieblingsadressen unter der Rubrik »Quellen« auf Seite 217 aufgeführt.

DANKSAGUNG

Ich bin sehr dankbar, dass ich dieses Buch schreiben durfte, dass ich meine Techniken teilen und für die fantastische Slow-Fashion-Community sprechen durfte. Ich danke dem wunderbaren Team von Abrams und insbesondere meiner verständnisvollen Lektorin Shawna Mullen für die große Unterstützung bei diesem Buch. Ich danke meiner Agentin Judy Linden für ihre unerschütterliche Vision und ihren Ansporn. Meiner Fotografin Karen Pearson danke ich für die zauberhafte Beleuchtung, ihren unglaublichen Blick und ihre gute Gesellschaft. Meiner Gestalterin Deb Wood danke ich für ihr geniales Design.

Meinen wunderbaren Models — Caitlin Parker, Lily Piyathaisere von *Gamma Folk*, Rebecca Squiers von *Luddite Antiques*, Tracy Kennard von *Brunette Wine Bar*, Fahari Wambura von *Fahari Bazaar*, David Szlasa, Maxwell Szlasa und Jude Szlasa — danke ich dafür, dass sie meine Kleider getragen haben, für ihre Offenheit und ihren Humor, und dafür, dass sie einen flüchtigen Hauch von Schönheit in unser Hudson Valley gebracht haben. An meine Stylistinnen Dawn Breeze von *Instar Lodge* und Toni Brogan von *The Catskill Kiwi*: Ihr seid Heldinnen, und ich bin euch wahnsinnig dankbar. Ich danke auch den Künstler:innen, Designer:innen und Hersteller:innen, die Zitate und Gedanken beigesteuert haben. Es ist mir eine Ehre, die Seiten dieses Buches mit euch zu teilen. An Karen Templer von *Fringe Association* und alle, die ich in der monatlichen Blogreihe von *Slow Fashion Citizen* interviewt habe: Danke für eure Arbeit und eure Geschichten. An Cal Patch, Jessica Lewis Stevens, Samantha Lindgren und die Teilnehmer:innen beim Slow Fashion Retreat in Saco, Maine: Ihr habt mir geholfen, den Gedanken in diesem Buch Gestalt zu geben, und mein Vertrauen in die Kraft der Gemeinschaft gestärkt.

An meinen Mann, David Szlasa: Ich kann dir nie genug danken, aber trotzdem: Danke für immer und ewig. An meine Söhne, Maxwell und Jude: Ihr seid mein Licht. An meine Mutter, Carol Rodabaugh, ihre Mutter, Mary, und ihre Mutter, Leona: Danke für die Familienlinie und die Stiche. An das Netzwerk von Familie, Freund:innen und Künstler:innen, die mich schon seit Jahrzehnten bei meiner Arbeit unterstützen: Auch wenn ich nicht alle nennen kann, hat eure Ermutigung mir das Selbstvertrauen gegeben, um immer weiterzumachen — vielen Dank für alles. Der größte Dank aber geht an meine Schüler:innen, Leser:innen und die fantastische Online-Community; denn diese Arbeit existiert für euch und dank euch. Dieses Buch ist für alle Flicker:innen überall — auf dass wir uns erinnern, wie wichtig Flicken ist.

ÜBER DIE AUTORIN

Katrina Rodabaugh ist eine preisgekrönte Künstlerin und Kunsthandwerkerin, die bei ihrer interdisziplinären Arbeit mit traditionellen Handwerkstechniken soziale und ökologische Themen auslotet. Für ihre Arbeit mit nachhaltigen Textilkünsten von handgearbeiteten Objekten über multimediale Kunstinstallationen und Sashiko bis zu Slow Fashion erhielt sie internationale Aufmerksamkeit von Künstler:innen, Designer:innen und Redakteur:innen. Ihr Werk, das eine Brücke zwischen Kunst und zeitgenössischem Kunsthandwerk schlägt, wurde in den USA in Galerien, Theatern, Bibliotheken, Magazinen, unabhängigen Geschäften, auf Kunsthandwerkmessen und in einem von ihrem Ehemann hergestellten mobilen Tiny House ausgestellt. Sie wurde unter anderem mit dem Blue Ribbon Blogger Award des Magazins *Country Living*, dem Puffin Foundation Individual Artist Award, dem Zellerbach Family Foundation Individual Artist Award und dem Creative Capacity Fund Individual Artist Award ausgezeichnet.

Seit Beginn ihres Modefastens *Make Thrift Mend* 2013 leitet sie Textilworkshops in den USA, in denen bereits Tausende von Teilnehmenden ihre einzigartigen Reparaturtechniken erlernt haben. Daneben engagiert sich Katrina Rodabaugh, schreibt und organisiert öffentliche Veranstaltungen mit Textilkünstler:innen und Held:innen der Slow-Fashion-Bewegung. Sie absolvierte einen Bachelor-Abschluss in Umweltwissenschaften und einen Master in Kreativem Schreiben. Ihr erstes Buch *The Paper Playhouse: Awesome Art Projects for Kids Using Paper, Boxes, and Books*, erschien 2015. Nachdem sie zwei Jahrzehnte in Brooklyn und Oakland gelebt hatte, zog sie mit ihrer Familie in ein 200 Jahre altes Bauernhaus im Hudson Valley, wo sie Pflanzen zum Färben in ihrem Garten züchtet und am Holzofen in der zum Atelier umgebauten Scheune arbeitet.

Sie ist zu finden unter *katrinarodabaugh.com* und auf Instagram unter *@katrinarodabaugh*.

OLLAPSIBLE

IMPRESSUM

First published in the English language in 2018
By Abrams Books, an imprint of Harry N. Abrams, Incorporated, New York
ORIGINAL ENGLISH TITLE: MENDING MATTERS
(All rights reserved in all countries by Harry N. Abrams, Inc.)

Text Copyright: Katrina Rodabaugh © 2018
Photographs Copyright: Karen Pearson © 2018
Cover Copyright: Abrams © 2018

Alle deutschen Rechte vorbehalten.
© 2020 by MaroVerlag, Augsburg
2. Auflage 2023 · ISBN 978-3-87512-556-6
www.galeriebuch.de

Dieses Werk wurde vermittelt durch die Literarische Agentur
Thomas Schlück GmbH, 30161 Hannover.

Alle in diesem Buch veröffentlichten Abbildungen und Anleitungen sind urheberrechtlich geschützt. Die Anleitungen und Hinweise wurden sorgfältig erarbeitet und geprüft. Eine Garantie kann dennoch nicht übernommen werden, ebenso ist eine Haftung ausgeschlossen.

Übersetzung: Josefine Haubold
Satz: Sarah Käsmayr,
nach der Gestaltung von Deb Wood
Druck: klimaneutral mit Ökofarben bei:
deVega Medien GmbH, Augsburg
Bindung: Thomas Buchbinderei, Augsburg